문화, 공동체를 상상하다

목차

제2부   유리창: 다양성과 연결을 생각하다

저자 소개

김 민 정

문화전문지 〈쿨투라〉와 〈르몽드 디플로마티크〉에 드라마 비평을 연재하고, KBS World radio 〈김형중의 음악세상〉의 '드라마가 좋아'에 고정패널로 출연하며 K-드라마의 재미와 의미를 국내외에 널리 알리는 일을 하고 있다. 그 외 시간은 중앙대 문예창작학과 교수로 열일 중이다. 저서로 드라마 캐릭터 비평집 『드라마에 내 얼굴이 있다』(2022), 드라마 에세이 『언니가 있다는 건 좀 부러운 걸』(2021), 드라마 비평집 『당신의 밤을 위한 드라마 사용법』(2020), 드라마 이론서 『당신의 삶은 어떤 드라마인가요』(2018) 등이 있다.

김 시 아 (KIM Sun nyeo)

스트라스부르 대학에서 프랑스 현대 문학을 공부하고, 파리 3대학에서 '그림책 시학'으로 박사 학위를 받았다. 현재는 서울디지털대학교 문예창작과에서 그림책에 대해 가르치며 연세대 매체와예술 연구소 학술연구교수로 그림책 매체에 대한 연구를 수행한다. 또한 '시와 내면의 아이'를 뜻하는 '시아'라는 필명으로 문화·문학 평론을 쓰며 우리말로 옮긴 책으로 『기계일까 동물일까』, 『아델라이드』, 『에밀리와 괴물이빨』, 『세상에서 가장 귀한 화물』 『엄마』들이 있다.

김 정 희

이화여대 교육학과 및 동 대학원에서 교육철학을 전공했다. 강남여중 교사, 부천대, 한양대 강사로 활동했다. 현재 키움과 나눔 부모교육연구소 수석연구원으로 상현중, 신세계아카데미, 아이파크 문화센터등에서 인문역사및 독서교육을 강의하고 있다. 전업주부도, 직장인도 아닌 정체성의 혼란 속에 국내외 수많은 유적지, 박물관을 다니며 남매와 함께 성장했던 경험에 대해 글을 쓰고 있다. 해외 경험, 어학연수 한번 없이 강북에서 사교육 없이 남매가 자신의 길을 찾게 된 이야기는 이 땅을 떠나지 않고 아이들을 키우는 용감한 부모들에게 희망이 될 것이라 믿고 있다. 〈르몽드 디플로마티크〉 '김정희의 문화톡톡 : 아이와 함께하는 역사문화기행'을 연재하고 있다.

문 선 영

한국공학대학교 지식융합학부 교수, 주요 저서로는 『대중서사장르의 모든 것: 코미디』(공저), 『대중서사장르의 모든 것: 환상』(공저), 『순결과 음란: 에로티시즘의 작동 방식』(공저), 『한국의 공포 드라마』(저서) 등이 있다. 현재 한국 방송극의 장르 문화와 형성에 관심을 기울이며 연구 중이다.

서 곡 숙

문화평론가, 영화평론가. 서울대학교 국어국문학과를 졸업하고, 동국대학교 연극영화과 대학원에서 석사와 박사 학위를 받았다. 산업자원부 산하 기관연구소 경북테크노파크에서 문화산업 정책기획 선임연구원, 팀장, 실장으로 근무하였다. 현재 청주대학교 연극영화학부 조교수로 있으면서, 한국영화평론가협회 총무이사, 한국영화교육학회 부회장 및 편집위원장, 계간지 ≪크리티크 M≫ 편집위원장 등 으로 활동하고 있다. 평론집으로는 『영화와 사랑』, 『영화와 범죄』, 『웹툰과 로맨스』, 『영화와 자화상』 등이 있다.

안 숭 범

경희대학교 국어국문학과 교수. 영화평 같은 시를 쓰다가 시인이 되었고, 시 같은 영화평을 쓰다가 영화평론가가 되었다. EBS 〈시네마천국〉을 진행했으며 부산국제영화제 심사위원을 역임했다. 좋아하는 사람들과 사랑하는 공부를 더 오래 하기 위해 대학 부설 K-컬처·스토리콘텐츠연구소를 설립했다. 한류와 한국 대중문화, 문화콘텐츠를 공부하며 틈틈이 글을 쓴다. 『환멸의 밤과 인간의 새벽』 (2019), 『SF, 포스트휴먼, 오토피아』(2018) 등의 책을 냈고 『무한으로 가는 순간들』(2017), 『티티카카의 석양』(2012) 등의 시집이 있다.

양 근 애

명지대학교 문예창작학과 교수. 2011년 겨울부터 연극평론을 시작했고 2015년부터 드라마터그로, 2020년부터 극작가로 활동하며 무대와 극장 바깥을 경험하고 있다. 2016년 「디프레션(depression)의 사회와 '생존'의 드라마 : 정신의학 드라마에 나타난 치유의 계급성과 윤리적 주체」로 제2회 한국방송평론상 우수상을 수상했으며 드라마 평론에도 관심을 기울이고 있다. 연극평론집으로 『'이후'의 연극, 달라진 세계』(2020)가 있다. 기억과 역사가 길항하는 힘과 문화의 정치성 수행성을 염두에 두고 글을 쓴다.

이 주 라

원광대 문예창작학과 조교수. 한국대중문화의 역사적 흐름과 그 속에 나타나는 대중의 욕망에 대한 연구를 주로 한다. 국내외를 막론하고 소설과 드라마에 관심이 많다. 오랜 기간 대중서사장르연구회와 함께 공부하며 '대중서사장르의 모든 것' 시리즈인 '멜로드라마', '역사허구물', '추리물', '코미디', '환상물'을 공저로 출간하였으며, 『웹소설 작가를 위한 장르 가이드1−로맨스』, 『식민지 근대의 시작과 대중문학의 전개』(2016 세종도서 학술부문 선정) 등을 단독으로 출간하였다.

장 윤 미

인하대 국어국문학과 박사 졸업. 2021년 강원문학 소설부문 신인상을 수상하며 소설가로 등단했다. 엔솔로지 『굿바이, 마이빌런』에 참여했고, 짧은 평론 에세이 『멀리 떠나는 여지』를 썼다. 일과 중 가장 중요한 것은 책읽기와 강아지 산책이다. 제일 잘하는 일은 자기반성이고, 제일 못하는 것은 반성한 것을 행동으로 옮기는 일이다. 늘 제자리인 것 같으면서도 멀리 보면 조금씩 앞으로 나간 발자국을 보며 스스로 어깨를 쓰담쓰담한 지 얼마 안 된 어른이다. 바람이 있다면 함께 사는 댕댕이가 자기 숨을 끝까지 쉬고, 무지개다리를 건너는 것이다.

최 양 국

격파트너스 대표 겸 경제산업기업 연구 협동조합 이사장. 없음과 있음의 인문학적 융합을 통한 가치 창출과 공간의 역량 진화 및 미래, 전통과 예술에 관심을 두고 있다.

서문

문화, 공동체를 상상하다

공동체는 어느새 낡은 용어가 되어버린 듯하다. 개인의 존엄과 자기 성찰이 강조되는 시대에 공동의 목적을 위해 만들어진 조직에 자신을 위치시키는 일에 대한 저항감이 크기 때문일 것이다. '민족'이나 '국가'의 이름으로 공동체를 호명하는 일이 '민주'를 위한 일이라고 믿었지만, 대의를 앞세우며 개인의 목소리를 작은 것으로 치부해온 역사가 그 저항감에 한몫했는지도 모르겠다. 그러나 본의를 잃어버린 공동체의 자리를 '커뮤니티'라는 말이 대체하고 있는 현상은 아이러니하다. 공동체와 커뮤니티는 연대 의식이나 결속력에 기반한 모임을 뜻한다는 점에서 같은 기의를 공유하고 있지만 그 쓰임이 다르다. 기존의 언어가 이미 그 의미를 상실했거나 오염되기 시작하면 언중들은 같은 뜻을 가진 새로운 언어를 찾아내기 마련이다. 대의가 아니라 '나'로부터 출발하여 공유와 공존의 가치를 모색하는 이 모임들을 기존의 언어로 다 담아내기는 어려운 것 같다. 커뮤니티는 개별적이고 유동적인 정체성을 확인받으려는 자기표현이며, 어떤 관계 속에서 자기 삶을 꾸려나가고 싶은지를 정하는 주체적인 선택이다. 말하자면, 공동체와 그와 관련된 문화가 사라진다는 느낌은 일종의 착시다. 지금은 바야흐로 커뮤니티의 시대, 크고 작은 모임들이 자유롭게 생성되었다가 또 사라지기도 하는 흐름을 새삼스럽게 바라보아야 할 것 같다.

르몽드 디플로마티크 '문화톡톡'팀은 올해 세 번째 책으로 『문화, 공동체를 상상하다』를 내놓기로 했다. 그간 『문화, on&off 일상』(2021), 『문화, 정상은 없다』(2022)를 펴내며 이 커뮤니티가 지닌 느슨한 결속력과 공감 의식이 곧 다양한 시각으로 문화 평론을 내는 힘이 아닐까 하는 생각을 했다. '공동체'라는 말의 실효성을 의심하는 문장을 부려 놓기는 했지만, 이 책은 결국 공동체라는 추상명사를 저버릴 수 없는 현재에 대한 진단이기도 하다. 인간은 누구나 취약함을 가지고 태어나 타인과 관계 맺으며 서로 의존하는 삶을 살아간다. 지금, 공동체가 동질성이나 단일한 정체성을 바탕으로 형성된다고 볼 수는 없겠지만, 타인과 공존하며 자기 응시와 관계 맺음을 통해 변화를 도모하는 모임의 형태는 결코 사라지지 않을 것이다.

『문화, 공동체를 상상하다』는 서곡숙, 안숭범, 김민정, 장윤미, 양근애, 문선영, 이주라, 김정희, 최양국, 김시아(수록순), 이상 열 명의 필자가 쓴 글을 통해 공동체라는 프리즘으로 문화적 재현과 다양한 이슈들을 톺아보고자 한 결과물이다. 공동체가 더 이상 유토피아적 이미지로 소비되지 않는 시대라는 점을 의식하며 우선 공동체를 불가능하게 하는 사회적 모순을 짚은 글들을 1부에 배치하고 그럼에도 불구하고 함께 살아갈 길을 모색하는 공동체의 지향을 그려낸 글들을 2부로 구성했다. 1부와 2부의 제목에 쓴 '거울'과 '유리창'은 문화가 우리 사회를 반영하고 또 한편으로는 나아갈 방향을 넌지시 제시한다는 점에서 착안한 비유다. 그러나 반전된 형상으로 자기를 지시하는 거울과 세상을 투명하게 비추면서도 안과 밖의 경계를 가르는 유리창의 양가적인 속성 역시 의식하고자 했다.

공동체는 문화만큼이나 크고 넓은 말이기에 망라할 수 없는 미지의 영역으로 끊임없이 움직이고 있다. 역사와 현실, 억압과 폭력, 장애와 돌봄, 능력주의, 가족 공동체 등 다양한 주제를, 연극과 영화, 드라마와 OTT 시리즈, 소설, 동화, 그림, 역사문화 등 다채로운 대상을 통해 다룬 이 책이 문화와 공동체가 연결되는 하나의 방식을 잘 보여줄 수 있기를 바랄 뿐이다.

2022년 12월
필자를 대표하여
양근애

제1부

거울:
우리 사회의 모순을 비추다

1장

기득권의 표피적 공동체와 폭력의 배후

서곡숙

공동체와 폭력의 상관관계

공동체는 인격적 친밀성, 정서적 깊이, 도덕적 헌신, 사회적 응집력, 시간의 연속성을 통해서 신용하는 공동체를 형성한다. 영화에서 공동체는 동질성과 결집력이 있지만 동시에 폐쇄성과 배타성을 보여준다는 점에서, 공동체의 권력, 저항, 해체는 주요한 화두로 등장한다. 특히 공동체의 폭력은 동질성과 결집력, 폐쇄성과 배타성을 드러낸다는 점에서 주목할 필요가 있다.

독일은 제1차 세계대전과 제2차 세계대전을 일으킨 국가라는 점에서 폭력에 대해서 금기시해왔다. 하지만, 하네케는 독일에서 금기시되는 '폭력'에 대해 끊임없이 성찰해온 감독이다. 미하엘 하네케(Michael Haneke) 감독은 철학, 심리학, 연극을 전공하였으며, 연극, 오페라, TV, 영화 분야에서 평론가, 각본가, 편집자, 감독으로 활동하였다. 하네케는

칸국제영화제에서 심사위원대상(〈피아니스트〉), 감독상(〈히든〉), 황금종려상(〈하얀 리본〉, 〈아모르〉)을 수상하였다.

〈하얀 리본〉 포스터 ⓒ 네이버 영화

하네케의 이전 영화들이 개인적 폭력을 주로 다루었던 반면 〈하얀 리본〉(Das Weisse Band - Eine Deutsche Kindergeschichte, 2009)은 사회적 폭력을 다루고 있다. 〈하얀 리본〉은 독일의 고요한 마을에 낙마 사고, 방화, 사고사, 실종 등 범인을 알 수 없는 의문의 사건들이 연이어 발생하여 공포에 휩싸이게 되는 이야기를 다룬다.

〈하얀 리본〉에서 마을은 육체적 지도자인 의사, 경제적 지도자인 남작, 정신적 지도자인 목사를 중심으로 육체적 공동체, 경제적 공동체, 정신적 공동체를 형성한다. 이 영화의 주요한 폭력 사건은 의사의 집, 남작의 저택, 목사의 집이라는 세 공간을 중심으로 일어난다. 이 영화는 육체적 지도자, 경제적 지도자, 정신적 지도자의 폭력이 주축을 이루며, 이러한 폭력을 통해서 육체적 공동체, 경제적 공동체, 정신적 공동체의 모순을 드러낸다.

육체적 폭력과 기만의 공동체

〈하얀 리본〉의 육체적 폭력 사건에서 주요 인물은 '의사 집'의 의

사, 딸 안나, 아들 루돌프와 '산파 집'의 산파, 아들 칼이다. 육체적 폭력
의 외면적 사건은 의사의 낙마 사건과 산파 아들 칼의 눈 폭행 사건이고,
가해자는 알 수 없고 피해자는 의사, 산파 아들 칼이며, 두 사건의 연관
성은 없는 것처럼 보인다. 육체적 지도자에 의한 보이지 않는 육체적 폭
력은 세 건이다. 육체적 지도자의 첫 번째 폭력은 딸 안나에 대한 의사
아버지의 성폭행 사건이다. 두 번째 폭력은 이웃집 과부 산파에 대한 의
사의 가학적 성행위와 육체적 폭행 사건이다. 세 번째 폭력은 의사의 아
내 학대 사건과 살인 사건이다.

〈하얀 리본〉 산파가 마을 아이들을 바라보는 장면 ⓒ 네이버 영화

〈하얀 리본〉에서 딸 안나에 대한 의사 아버지의 성폭행은 간접적인
암시의 방법으로 재현한다. 밤에 루돌프가 깨어나서 누나 안나를 찾다
가 아버지와 함께 있는 안나를 발견한다. 루돌프는 안나에게 아파서 눈
물을 흘리느냐고 묻자, 아버지는 안나의 귀를 뚫어서 아내의 귀걸이를
해주려고 한다고 설명하면서 안나의 걷어 올린 잠옷을 밑으로 내린다.

이 성폭행 사건은 직접적으로 재현되지 않고, 침대에 앉아 있는 딸의 잠옷이 무릎 위로 올라가 있는 점, 아버지의 손이 딸의 허벅지에 놓여 있는 점, 두려움이 가득한 딸의 눈에 눈물이 고인 점 등 간접적으로 암시된다. 아버지는 계속 딸에게 '너의 엄마를 닮았다'는 말을 내뱉음으로써 딸에 대한 성욕이나 성폭행을 아내에 대한 사랑과 그리움으로 위장하는 기만을 보여준다.

〈하얀 리본〉에서 의사는 딸에 대한 근친상간의 욕망을 산파에 대한 가학적인 성행위로 푼다. 산파와의 성행위 도중에 의사는 '산파가 못생겼고 더럽고 처졌고 입 냄새가 나서 역겹고, 좋은 냄새가 나는 젊은 여자(딸)를 떠올려서 더 이상 산파와 성행위를 할 수 없으며, 아내를 사랑했다'고 말한다. 산파는 의사에게 '당신 아들(칼)을 키워주고, 당신이 딸을 건드린다는 것을 감춰주고, 당신이 자신을 기만하게 도와주고, 아내를 학대하는 것을 알면서 사랑 타령을 들어주고, 사랑받지 못하는 당신을 사랑하기 때문에 자신을 경멸하고 우습게 여기냐?'고 따진다. 그러자 의사는 자신의 기만, 불륜, 근친상간, 성폭행을 폭로하는 산파를 폭행한다.

〈하얀 리본〉은 의사가 아내를 사랑한다고 말하면서 계속 학대해 왔으며, 이웃집 과부인 산파와 오랫동안 불륜 관계를 지속하며 아들(칼)까지 낳았으며, 아내의 죽음에도 관여했다는 사실을 간접적으로 전달한다. 그리고 산파의 아들 칼이 장애인이 된 이유가 산파가 산모일 때 아이를 없애려다가 장애인이 되었다는 이야기도 간접적으로 전달한다. 결국 의사의 낙마 사건과 산파 아들 칼의 눈 폭행 사건 모두 육체적 지도자인 의사의 폭력에 대한 처벌임이 드러난다. 의사는 공동체 내부에서 자신에 대해 처벌하려는 움직임을 읽어내고 야밤에 도주함으로써 사실상 육체적 추방을 당한다.

<하얀 리본> 마을 아이들이 걸어가는 뒷모습 ⓒ 네이버 영화

〈하얀 리본〉에서 육체적 지도자의 폭력은 모두 여성에 대한 남성의 폭력이라는 점에서 젠더 갈등을 드러낸다. 육체적 폭력의 내면적 사건은 의사의 불륜 사건, 아내 학대·살인 사건, 딸 성폭행 사건, 내연녀 산파 폭행 사건이며, 가해자는 의사이고 피해자는 아내, 딸, 내연녀 산파로 밝혀진다. 의사의 육체적 폭력에 대한 1차 처벌은 의사의 낙마 사건이고, 2차 처벌은 의사의 숨겨진 장애인 아들인 칼의 눈 폭행 사건이다. 그래서 육체적 지도자인 의사는 육체적 폭력 사건의 피해자가 아니라 가해자라는 사실이 드러나며, 외면적으로 드러난 육체적 폭력 사건은 사실상 의사의 보이지 않는 육체적 폭력에 대한 처벌임이 드러난다.

〈하얀 리본〉은 당대의 사회 구조적 문제에 대해서 간접적으로 암시하며 폭력의 근원에 대해서 문제를 제기한다. 겉으로 보기에 평온한 일상과 가끔씩 벌어지는 기괴한 사건이 대비를 이루면서 더욱 폭력에 대해서 긴장감을 느끼게 만든다. 의사에 대한 폭력에서 새로운 시각이 드러나는 것은 폭력의 행위자를 직접적으로 드러내지 않고 간접적으로 암시하면서 끝까지 밝히지 않는다는 점이다. 의사의 보이지 않는 폭력은 간접적으로 암시되지만 여성들에게 치명적 결과를 미치지만 은폐되는 반면, 의사에 대한 육체적 폭력은 범인은 감추어졌지만 그 폭력의 결과는 그대로 드러난다는 점에서 대비된다.

〈하얀 리본〉의 육체적 공동체는 위계질서 면에서, 젠더 갈등뿐만 아니라 세대 갈등, 계층 갈등을 보여준다. 의사/딸의 관계는 가족 내에서 가장과 자녀의 위계질서를 형성하기 때문에 딸이 아버지의 성폭행이라는 육체적 폭력에 저항하지 못한다는 점에서 젠더 갈등과 세대 갈등을 보여준다. 의사/산파의 불륜 관계는 상층계급과 하층계급, 고용주와 고용인의 관계를 형성하기 때문에 산파가 의사의 가학적 성행위와 폭행에 저항하지 못한다는 점에서 젠더 갈등과 계층 갈등을 보여준다. 〈하얀 리본〉에서 육체적 지도자의 폭력 사건은 피해자/가해자의 전도와 배제된 폭력의 흔적을 나타내며, 공동체의 표면적 위선과 내면적 부정성의 간극을 드러냄으로써, '육체적 폭력'을 통해 '기만의 공동체'를 보여준다.

경제적 폭력과 보복의 공동체

〈하얀 리본〉의 경제적 폭력은 남작의 저택과 소작농의 집을 중심으로 벌어진다. 외면적 사건은 소작인 아내 사고사, 남작 농경지 파손, 남작 아들 폭행, 소작농 자살 사건이다. 공동체 일원의 절반 이상이 남작의 땅에서 소작농으로 일한다는 점에서 경제적 지도자 역할을 수행하는 남작은 네 건의 경제적 폭력을 행사한다.

〈하얀 리본〉 축제에서 남작부인과 교사가 대화를 나누는 장면 ⓒ 네이버 영화

경제적 지도자의 첫 번째 폭력은 제재소의 시설에 대한 관리 소홀로 제재소의 바닥이 무너지면서 소작농의 아내가 사고사로 죽게 만든 사건이다. 두 번째 폭력은 남작이 아들 납치·폭행 사건에 대해서 공개적으로 범인을 색출하고 고발하라는 명령을 지시함으로써 공동체를 의심과 불신의 분위기로 만드는 정신적 폭력을 행사한 사건이다. 세 번째 폭력은 남작이 소작농 가족의 일자리를 모두 빼앗는 경제적 보복으로 생계유지를 불가능하게 만든 사건이다. 네 번째 폭력은 소작농이 목을 매어 자살함으로써 남작의 경제적 보복에 대한 대가를 치르고 죽은 사건이다. 이 과정에서 선량한 소작농 부부가 죽음으로써 경제적 지도자이자 명예로운 귀족인 남작의 권위가 떨어진다.

〈하얀 리본〉에서 경제적 지도자의 보이지 않는 사회적 폭력 문제로 인해서 일상에서 폭력의 보편성이 나타난다. 이러한 폭력적 현실에 대

〈하얀 리본〉 소작농 큰아들이 남작의 양배추 밭을 망치는 장면 ⓒ 네이버 영화

해서 소수자도 폭력적 대응을 함으로써 사회적 폭력성이 기괴한 사건들을 통해서 계속해서 발생한다. 경제적 지도자의 폭력적 억압, 경제적 보복과 이에 대한 소수자의 폭력적 대응이 계속 이어지면서 폭력의 윤회

〈하얀 리본〉 남작의 제재소가 불타는 장면 ⓒ 네이버 영화

가 나타난다. 그리고 소작농의 자살 등 희생에도 불구하고 경제적 지도자의 보이지 않는 폭력이 계속되기 때문에 폭력의 윤회는 계속 될 것이라는 암울한 전망을 보여준다.

〈하얀 리본〉에서 대부분의 폭력이 법의 테두리 밖에서 일어난다는 점에서 합법적 폭력이 아니라 불법적 폭력이다. 그리고 상층계급인 경제적 지도자의 폭력은 불의한 폭력인 반면에, 하층계급의 폭력은 지도자에 대한 처벌의 성격이 강하기 때문에 정의로운 폭력이다. 선량한 소작농 부부가 죽음으로써 폭력의 배출구를 위한 희생물로 바쳐진 것에는 절대 동의할 수 없기 때문에 이러한 희생제의의 부당성, 지도자/소수자 폭력의 부당성에 대해서 성찰하게 만든다. 그래서 소작농 부부의 죽음으로 사회적 폭력의 출구로서의 희생제의가 일단은 완료되지만 사회적 위기는 계속해서 미봉책으로 남게 된다.

〈하얀 리본〉 관리인 아들이 남작의 아들을 물에 빠뜨리는 장면 ⓒ 네이버 영화

〈하얀 리본〉의 경제적 공동체는 남작이 과거 마을을 다스리는 영주

의 신분이었고 현재 마을의 절반 이상을 고용한 고용주라는 점에서, 신분적 위계질서가 존재한다. 남작은 남작 저택의 가장이며, 마을의 군주이자 귀족이며, 성직자의 지지를 받는다는 점에서 상위체의 세 유형을 모두 아우르는 최고의 지도자이다. 남작의 경제적 폭력에 대한 공동체의 침묵은 이러한 공동사회에 존립하는 불평등과 절대주의적 구조에 대한 복종을 의미한다.

〈하얀 리본〉 남작부인이 마을 사람들을 지켜보는 장면 ⓒ 네이버 영화

남작의 관리 소홀과 경제적 보복에 이어서 소작농 큰아들의 분노의 폭력, 소수자의 처벌적 폭력으로 결국 폭력의 악순환이 된다. 소작농 아내에 대한 애도는 경제적 지도자인 남작에게 분노하게 만들지만, 남작은 이에 대해 경제적 보복으로 대응한다. 소작농은 사고사로 죽은 아내에 대한 개인적 애도, 자신의 목숨을 건 희생을 통한 사회적 애도로 마을

을 '애도의 공동체'로 만듦으로써 보복이나 복수가 없는 평온한 공동체로 돌아가게 만든다.

〈하얀 리본〉에서 마을의 경제적 지도자인 남작의 저택은 경제적 폭력과 공동체의 계층 갈등을 드러낸다. 남작에 대한 경제적 폭력은 재산 손실과 자녀 폭행이지만, 소작농 가족에 대한 경제적 폭력은 소작농 아내의 죽음, 소작농 큰아들의 구속, 소작농의 죽음이다. 남작의 경제적 보복과 소작농의 희생은 이러한 계급적 갈등을 극명하게 드러낸다. 남작의 경제적 폭력은 보복의 공동체와 절대주의적 구조의 추락을 보여준다. 이렇듯 〈하얀 리본〉에서 경제적 지도자의 폭력 사건은 자본의 논리와 희생을 통한 폭력의 배출을 보여주며, 권력의 반공동체성과 애도의 공동체를 대비시킴으로써, '경제적 폭력'을 통해 '보복의 공동체'를 드러낸다.

정신적 폭력과 억압의 공동체

〈하얀 리본〉의 정신적 폭력과 관련된 인물은 목사 집의 목사, 아내, 딸 클라라, 아들 마르틴이다. 목사의 집에서 일어난 사건은 대부분 공동체에게 드러나지 않은 사건이라는 점에서 내면적인 폭력 사건만 있고 외면적인 폭력 사건은 없다. 내면인 폭력 사건은 목사의 아이들 체벌, 아들의 자살 기도, 목사 새 핍시의 죽음, 목사의 아들을 침대 묶어 놓기, 아내 학대 등이다. 정신적 지도자에 의한 폭력은 네 건이다. 첫 번째 폭력은 아이들의 지각을 체벌하기 위해 채찍으로 때린 육체적 폭력 사건이다. 두 번째 폭력은 아이들의 팔에 순수의 상징인 '하얀 리본'을 묶은 정신적 폭력 사건이다. 세 번째 폭력은 아들이 자위하지 못하게 몸을 침대에 묶은 육체적 폭력 사건이다. 네 번째 폭력은 아이들에 대한 폭력을 통해 아내에게 공포 분위기를 조성하여 아내를 정신적으로 학대한 사건이다.

〈하얀 리본〉 남작과 목사가 마을 사람들에게 경고하는 장면 ⓒ 네이버 영화

정신적 지도자인 목사의 폭력은 다양한 체벌의 형태로 나타나며, 육체적 폭력도 정신적 폭력으로 이어지며, 일시적인 폭력이 아니라 상시적인 폭력이다. 정신적 지도자인 목사 아버지의 폭력 때문에 클라라는 자신이 주동자가 되어 아이들의 연대를 형성하게 되며, 이 연대를 통해 대부분의 마을 폭력 사건을 일으킨다. 아이들 공동체는 의사에 대한 처벌로 의사 낙마 사건, 산파 아들 폭행 사건을 일으키고, 남작에 대한 처벌로 남작 아들 납치·폭행 사건, 남작 영지 화재 사건을 일으키고, 목사에 대한 처벌로 목사의 새 죽음과 일련의 폭행 사건들을 일으킨다.

〈하얀 리본〉에서 계속 발생하는 기괴한 폭력 사건 뒤에는 아이들

〈하얀 리본〉 목사가 자녀들을 훈계하는 장면 ⓒ 네이버 영화

에 대한 아버지의 폭력, 마을 공동체에 대한 지도자의 폭력 등 가족과 사회의 윤리적 폭력이 있다. 정신적 지도자의 폭력은 간접적으로 암시되는 방법을 통해서 가족의 시련과 방어적 폭력을 강조한다. 정신적 지도자인 목사가 아이들에게 계도의 목적으로 팔에 차게 하는 '하얀 리본'은 순수를 의미하면서 동시에 정신적 억압을 의미한다. 가족 내에서 가장이 자녀에게 행하는 폭행으로 인한 가족의 시련과 이로 인한 자녀의 방어적 폭력이 계속 순환된다. 목사의 체벌 사건, 진실 은폐 사건을 계기로 순수, 진실을 부르짖는 목사의 위선이 드러난다.

〈하얀 리본〉의 정신적 공동체는 강한 집단의식 면에서, 남작과 목사가 마을 공동체를 대상으로 강한 집단의식을 조장하며, 남작이 앞장서고 목사를 지원하는 형세를 띤다. 신분적 위계질서 면에서, 목사는 신을 섬기는 정신적 지도자로서 마을에서 지배자의 역할을 수행하며, 가족 내에서 권위적인 가장으로 위계질서로 아내와 자녀들을 억압한다. 관습적 질서 면에서, 자신이 정한 관습적 질서, 즉 일찍 집에 들어오기, 자위하지 않기 등을 강요하며 정신적, 육체적 폭력을 상시적으로 가한다.

〈하얀 리본〉 목사가 마을 아이들에게 설교하는 장면 ⓒ 네이버 영화

　〈하얀 리본〉에서 정신적 지도자인 목사는 아이들에게 순수의 상징인 '하얀 리본'을 매게 하지만, 정작 자신의 아이들이 마을의 괴기한 사건의 범인이라는 이야기를 교사로부터 듣고도 이를 은폐한다. 목사는 정직하게 행동하려면 자신의 아이들을 고발해야 하고, 그 결과 자신의 정신적 지도자로서의 위상이 무너질 수 있다는 딜레마에 빠져 결국 은폐하고 침묵한다. 목사는 그 사실에 대해서 오히려 교사에게 협박하며, 자신의 입지를 지키기 위해 자녀들의 범죄에 대해서 침묵함으로써, 정신적 지도자로서의 권위를 상실한다.
　〈하얀 리본〉에서 아이들의 공동체는 육체적, 경제적, 정신적 지도자에 의한 억압적 폭력을 당한 피해자로서의 유사성을 통해 결속을 다지고 서로 연대하며 폭력을 통해 저항한다. 정신적 지도자는 전통적인 도덕과 영적인 순수를 강조하지만, 결국 자신의 말과 행위의 괴리를 보여주면서 위선을 드러냄으로써 정신적 공동체의 모순을 드러낸다. 우월하고 특별한 공동체를 만들고자 하는 어른들의 허위에 찬 욕망은 위선과 기만으로 밝혀진다. 이렇듯 〈하얀 리본〉에서 정신적 지도자의 폭력 사건은 가장의 윤리적 폭력과 소수자의 방어적 폭력을 보여주고, 작동하지 않는 공동체와 연대의 공동체를 대비시킴으로써, '정신적 폭력'을 통해 '억압의 공동체'를 드러낸다.

공동체의 폭력과 끝나지 않는 질문

미하엘 하네케 감독의 〈하얀 리본〉은 육체적/경제적/정신적 지도자를 중심으로 공동체의 폭력을 형상화한다. 첫째, 의사의 집을 중심으로 육체적 폭력은 피해자/가해자의 전도와 배제된 폭력의 흔적을 보여주며, 육체적 공동체는 표면적 위선과 내면적 부정성의 간극을 드러낸다. 둘째, 남작의 저택을 중심으로 경제적 폭력은 자본주의의 논리와 희생을 통한 폭력의 배출을 보여주며, 경제적 공동체는 권력의 반공동체성과 애도의 공동체의 대비를 보여준다. 셋째, 목사의 집을 중심으로 정신적 폭력은 가장의 윤리적 폭력과 소수자의 방어적 폭력을 보여주며, 작동하지 않는 공동체와 연대의 공동체의 대비를 보여준다.

〈하얀 리본〉에서 지도자들의 폭력은 불법적 폭력이면서 불의한 폭력이라는 점에서 절대적 악으로 제시된다. 반면에, 소작농의 희생제의적

〈하얀 리본〉 마을 사람들이 목사의 설교를 듣는 장면 ⓒ 네이버 영화

폭력은 자살, 죽음, 희생을 통해 폭력의 악순환에서 원인과 결과의 고리를 끊는다는 점에서 절대적 선으로 제시된다. 그리고 아이들의 폭력은 불법적 폭력이면서 정의로운 폭력이라는 점에서 상대적 선/악이 혼재되어 있다. 이렇듯 〈하얀 리본〉에서 드러나는 육체적, 경제적, 정신적 폭력 사건은 공동체의 부정적 측면, 긍정적 측면, 대안적 측면이 다층적으로 보여준다.

〈하얀 리본〉에서 의문의 사건들은 결국 복종과 순결을 강요하는 지도자들의 보이지 않는 폭력 속에서 아이들의 강한 유대감이 억압된 환경에서의 폭력으로 표출된 것이다. 지도자들이 아이들에게 복종과 순결을 강요하지만 자신들은 위선과 욕망을 드러냄으로써 아이들의 환멸과 저항을 받게 된다는 점에서 인간의 타락한 모습과 어두운 본성을 보여준다. 이처럼 평화로운 마을에서 벌어지는 기괴한 폭력 사건들을 통해 공동체의 권력, 저항, 해체가 복합적으로 나타나면서 공동체의 모순을

〈하얀 리본〉 목사의 아들이 하얀 리본을 다는 장면 ⓒ 네이버 영화

드러낸다.

공동체의 육체적, 경제적, 정신적 지도자들은 외면적인 권위와 내면적인 욕망의 간극을 보여주고, 소수자들은 저항을 통해 지도자들의 이러한 간극과 이중성이 드러나게 만든다. 의사는 기만적이고 남작은 보복하며 목사는 사건을 은폐하지만, 산파는 진실을 말하고 소작농은 자신을 희생하며 교사는 사건의 진상을 고백한다. 그리고 공동체의 어른들은 지도자들의 육체적, 경제적, 정신적 폭력에 침묵하지만, 아이들은 지도자들의 폭력에 대해서 처벌하고 저항한다. 이런 점에서 〈하얀 리본〉은 공동체의 폭력에 대해서 끝나지 않는 질문을 제기한다.

2장

이것은 중력에 관한 이야기이다

- <파친코>론

안숭범

만유인력과 원심력

〈파친코〉(코고나다·저스틴 전, 2022)는 중력에 대한 이야기이다. 극 중 재일조선인 3세대로 나오는 솔로몬은 미국에서도, 일본에서도 이중의 타자라는 사실을 대면하는 중 '중력'에 대한 언급을 하곤 한다. 주지하듯, 중력이란 거대한 질량을 가진 지구가 잡아당기는 만유인력과 평소엔 자각되지 않는 자전 때문에 생기는 원심력을 포함한다. 〈파친코〉의 서사 무대에 작동하는 중력도 크게 두 가지 차원으로 확인할 수 있다. 먼저 만유인력은 '자식', '가족'이라는 혈연 공동체를 향한 강렬한 애착의 강도로 확인된다. 한국인 중 많은 수는 국경 내 이웃이 형제애(fraternity)를 공유한 균질한 혈연 공동체, 곧 단일민족이라는 신화적 관념을 가지고 있다. 이러한 관념은 20세기 초, 일본에 의해 식민 경험을 하는 중 더욱 예민하게 자각될 수밖에 없었다. 실제로 〈파친코〉 속 1세대(선자의 부모), 2세대(선자)는 '자식'과 '가족', 혹은 '혈연'과 '민족'의 구심력을 절절하게 보여준다. 특히 선자는 젊은 시절, 서글픈 디아스포라의 현실을 견디면서 피식민자의 고통스러운 내면을 끌어안게 된다. 그녀가 피식민자를 향한 식민자의 '주변화의 압력'을 견딜 수 있었던 힘은 가족에 대한 그리움과 책임감으로부터 나온다. 그녀는 그 힘으로 '호모 사케르(조르조 아감벤)[1]', '몫이 없는 자(기욤 르 블랑)[2]'에게 예고된 삶을 벗어나기 위해 안간힘을 쓴다.

〈파친코〉에 나타난 원심력, 곧 중력의 두 번째 차원은 미국을 경험한 후 도쿄와 오사카를 오가는 솔로몬을 통해 확인된다. 그가 좇는 돈과 성공에 대한 욕망은 그의 일상적인 선택과 실천의 순간을 규율한다. 그의 활동 배경이 되는 1989년은 일본의 버블 경기가 절정에 달했던 때다. 일본을 팔면 미국을 살 수 있다는 말이 공공연하게 떠돌 정도로, 경제 대국을 만든 일본인의 자부심이 대단했던 시절이었다. 일본의 전후 세대, 즉 단카이세대는 엄청난 거품이 낀 부동산과 주식 가격에도 불구하고, 자신들이 닦아온 경제적 기반을 믿었다. 그들의 틈바구니에서 엘리트 코스를 밟아온 솔로몬의 욕망은 1989년 일본의 사회적 공기를 그대로 머금고 있다. 재일조선인으로서 차별 속에 성장한 후 미국으로 건너갔으나 더 큰 성공의 기회를 잡기 위해 도쿄로 돌아온 그가 맞닥뜨린 세계는 복잡하다. 그는 자신의 주체성을 구성하는 불균질한 담론들 틈에서 '자기'를 새롭게 정립해야 하는 상황에 내몰린다.

그처럼 〈파친코〉의 서사는 중력의 두 가지 속성이 식민시기와 탈식

---

1 조르조 아감벤, 박진우 역, 『호모 사케르』, 새물결, 2008, p.45.
2 기욤 르 블랑, 박영옥 역, 『안과 밖』, 글항아리, 2014, p.51.

민시기에 걸쳐 절충·연장·길항하는 장면들로 가득하다. 〈파친코〉의 전언을 소상히 읽기 위해서는 선자와 솔로몬의 개인사를 규제하는 대문자 역사의 압력에 주목해야 한다. 이 글은 선자와 솔로몬의 내면에 새겨진 20세기 한국 현대사의 굴곡에 대한 탈식민주의적 성찰이다.

선자의 현해탄과 솔로몬의 태평양

먼저 일제강점기의 선자는 식민자가 의식하지 못한 이질적 영역이 실존한다는 것을 조용히 드러내는 존재다. 피식민자의 입장과 목소리를 강변하는 투사는 아니지만, 자식과 가족을 향한 그의 생애는 탈락될 위기에 놓인 타자의 정체성 문제를 끊임없이 소환한다. 피식민자로서 그녀의 정체성은 부산 영도에서 일본 오사카로 이주하는 과정에서부터 두드러진다. 그녀는 독립운동가도 아니고 의식화된 사회주의자도 아니며 아나키스트는 더더욱 아니다. 그러나 오사카 외곽 조선인 거리에 정착하는 과정은 그야말로 실존적인 투쟁이 된다. 그녀는 〈파친코〉 8화에서 오사카 거리 한복판에서 김치를 내다 팔며 '엄마'의 책임을 다하려 한다. 그녀의 자리가 특별하진 않지만, 식민자의 권력적 시선이나 규율적 담론 안에 포박당하지 않은 타자의 자리, 곧 호미 바바의 '틈새(in-betweenness)'를 상기시킨다. 호미 바바에 따르면 식민자가 피식민자에게 씌우는 동일화의 작용이 있고, 피식민자가 식민자에게 또 그들 스스로에게 주문하는 정형화의 의지가 있을 수 있다. 그렇다면 그녀는 양쪽의 기대 모두에서 '차이'를 갖는 문화적 혼성성(hybridity)[3]의 세계를 살아냈다고 할 수 있다.

일제강점기 후반, 일본인에게 조선인은 각별하게 규율되어야 하는 존재였다. 일본인의 입장에서 보면 언제든지 배제할 수 있는 존재였다. 하물며 그 무렵 일본으로 이주해온 조선인은 '사회의 여백'에 고정되어야 하는 타자였을 것이다.[4] 합법적·안정적으로 일본 사회의 인준을 받지 못함으로써 '자기 밖의 삶[5]'을 살 수밖에 없는 위치에 놓였을 것이다. 이는 당시 일본 내 조선인의 실존적 상황이 추방의 이유를 안고 틈입한 타자라는 사실을 환기시킨다. 〈파친코〉 7화는 관동대지진 때 일본에서 벌어진 끔찍한 역사적 사건들을 전경화한다. 그 무렵 조선인 탈옥범들이 약탈과 살인을 자행하고 우물에 독을 풀었다는 소문은, 조선인이 추방의 이유를 안고 틈입한 타자라는 사실을 강변한다. 그들은 존재 자체로 일본 사회의 질서를 교란하는 위험인자이며, 관리되어야 할 욕망을 가진 거북한 이방인이다. 그들의 신분과 지위는 엄격한 절차를 거쳐 인준되어야 하며, 사회 상층부로의 이동은 억제되어야 한다. 조선인은 배제와 소외의 명분이 전제된 '호모 사케르', '몫이 없는 자'의 불안한 실존을 벗어나기 힘들었던 것이다.

1938년 선량한 목사이자 선자의 자상한 남편이었던 이삭은 지하 공산주의 조직에 가담한 것이 밝혀져 경찰에 잡혀간다. 전근대적 가부장 질서가 견고하던 시절, 선자가 시집도 가기 전 아이를 밴 여자라는 손가락질을 피할 수 있었던 것은 남편의 포용력 덕분이었다. 선자에게 그는 오사카에서의 힘겨운 삶을 견뎌낼 수 있는 버팀목이었고, 불안정한

---

3 호미 바바, 나병철 역, 『문화의 위치』, 소명출판, 2014, p.33.
4 기욤 르 블랑, 박영옥 역, 『안과 밖』, 글항아리, 2014, p.101.
5 기욤 르 블랑, 박영옥 역, 『안과 밖』, 글항아리, 2014, p.89.

미래에 내쳐질 뻔한 아들(노아)에게 최고의 아버지였다. 그런 그가 멀고 낯선 이상 세계를 꿈꾸며 선자가 상상할 수 없는 시간을 살았다는 사실은 〈파친코〉 마지막 회차의 큰 충격으로 다가온다. 역사적으로 보면, 그 무렵 일본은 중일전쟁을 일으켰고 조선은 병참기지화되기에 이른다. 조선인의 민족정체성을 박탈하기 위해 황국신민화를 위한 조치들이 가열차게 진행되고 '내선일체' 사상이 정책적으로 강요되던 때였다. 조선인 스스로 해결할 수 없는 '민족 증발'의 상황이 실체화되었던 것이다. 그렇게 보면 선자에게 '남편의 증발'은, 그 시기 조선인의 상상 속에 존재하던 울타리의 해체, '뿌리뽑힘'의 경험과 유비적으로 중첩된다. 이제 그녀는 일본에서 조국도, 남편도, 자기를 변호할 수 있는 언어도 없는 상황에서 자기 안의 타자들과 싸워야 한다.

선자가 그 이후 일본에서 어떤 삶을 살아냈는지에 대해서는 자세하게 설명되지 않는다. 1930년대와 1989년을 오가는 평행편집 과정에서 그녀가 이방인으로 견뎌낸 긴 세월은 추측과 짐작의 영역으로 남겨진다. 이제 중요한 것은, 선자의 삶만큼 큰 비중으로 다뤄지는 그녀의 손자 솔로몬의 삶이다. 선자의 삶은 피식민자를 향한 식민자의 가시적 억압과 차별이 명백하게 새겨져 있다. 그래서 선자의 이후 인생은 구속으로부터 벗어나려는 조용한 투쟁, 최소한의 자유를 향한 몸부림이었을 것이다. 이에 비해 재일조선인 3세대인 솔로몬은 적극적 자유를 지향하는 새로운 공기 속에서 자란다. 물론 조선과 일본 사이에 '식민/피식민' 관계가 청산된 지 40년 이상 지난 시점임에도 일본의 조선인을 향한 '정형화'의 의지, '동일화'의 욕망[6]은 은연중에 남아있다.

그의 유년기, 청소년기를 보여주는 플래시백 장면을 보면, 성공을 위해 조선인의 '타자성'을 의도적으로 감추거나 외면해야 하는 상황도 그려진다. 그러나 결국 그는 조선인으로서 '자기'의 위치를 찾는 과정을 밟으며 경계인으로서의 현실을 직시하게 된다. 기욤 르 블랑은 『안과 밖』이라는 책에서 억압된 얼굴과 배제된 목소리로 살아야만 하는 이방인의 실존을 철학적으로 탐색한다. 외국인으로서 이방인의 실존은 떠나온 자(망명자), 들어온 자(이민자), 떠도는 자(이주자)로 그 성격이 구분된다.[7] 일제강점기의 선자는 떠나온 자이면서 들어온 자의 성격을 보여준다. 그렇다면 솔로몬은 영원한 이주자, 곧 떠도는 자의 초상이다. 그는 일본에서 일본인들과 학교를 다니며 성장했고, 미국에서 엘리트 코스를 밟으며 미국 금융회사에 취업한다. 그러나 그는 미국에서도, 일본에서도, 심지어 조선인으로서의 정체성이 분명한 앞세대로부터도 마음의 '정처'를 찾지 못한다. 고도의 자본주의 사회에서 승자가 되기 위해 누구보다 열심히 돈과 성공을 좇아 왔지만, 미국인, 일본인 상급자들은 그에게 예외적인 '인정의 절차'를 들이댄다.

앞에서 밝힌 것처럼 그의 삶이 굴곡진 이유 중 하나는, 식민 기간이 끝난 이후에도 지속되고 있는 조선(한국)을 향한 일본의 왜곡된 시선 때문이다. 더 구체적으로 일본인의 조선(인)에 대한 의식 속에는 여전히 물질적·정신적 식민화의 관성이 남아있고, 그것은 솔로몬의 욕망을 제어하는 현실적 압력이 된다. 그의 할머니 선자가 견뎌온 세월과 비교하면 차별의 강도는 확실히 약화된 것으로 보인다. 그러나 그는 더욱 은밀하게 작동하는 배제의 메커니즘, 혐오와 편견의 시선을 이겨내야 한다.

6 호미 바바, 나병철 역, 『문화의 위치』, 소명출판, 2014, pp.160-161.
7 기욤 르 블랑, 박영옥 역, 『안과 밖』, 글항아리, 2014, p.77.

재일조선인의 신분으로 일본에서 인정받고 안주하는 삶, 할머니와 아버지의 삶을 연장하는 삶을 거부하려 할수록 그는 일정한 한계에 봉착하게 된다.

주목해야 할 대목은, 그의 행보 안에 일본인의 성공 신화를 전유하고픈 매우 이질적인 욕망이 깃들어 있다는 것이다. 그의 미국행은 재일조선인이라는 이유로 일본에서 차별과 무시를 경험하지 않길 바라는 가족들의 뜻이 반영된 결과다. 결국 그는 가족들의 희생을 발판 삼아 미국에서 성공적인 20대를 보낸 것처럼 보인다. 미국계 금융회사에 입사한 후 나름대로 능력을 인정받는다. 그러나 회사 내 최상층부로 진입하기 위한 문턱에서 유리천장을 경험하게 된다. 현해탄(조선/일본) 사이에 존재하는 복잡다단한 문제의 일면이 태평양(일본/미국) 사이에도 존재하고 있었던 것이다. 그래서 그는 승진의 벽을 넘기 위해 도쿄 내 부동산 토지 매입 이슈의 해결을 놓고 상사와 배팅을 한다. 그 장면에서 재일교포 2세인 그의 아버지 모자수가 가족을 먹여 살리기 위해, 또 자신에게 더 나은 삶의 기회를 제공하기 위해 벌인 사행성 게임 사업, 곧 파친코 사업의 한 속성이 상기된다. 그의 행동은 파친코에 임하는 이들의 욕망과 실천을 그대로 닮아 있는 것이다. 이후 그는 선자와 같은 재일교포 1세대 할머니를 대상으로 일본인의 태도와 조선인의 정체성을 오가며 미국 회사의 이익을 도모한다. '경제적 동물(economic animal)'이란 말을 들을 정도로 돈과 실리를 좇던 일본 전후세대(단카이세대)의 전형적 면모가 그에게서 발견된다.

그렇게 보면 솔로몬의 내면은 이중적 분열이 점증하는 장소다. 솔로몬은 일본(인)을 향한 적대감과 함께 그들의 일면을 모방하고픈 대별적 태도를 동시에 갖고 있다. 그는 〈파친코〉에 등장하는 순간부터 계속 태평양과 현해탄 사이에 끼인 그의 위치를 반복적으로 확인시키는 과정을 밟고 있다. 그러한 삶의 '과정'은 오사카 파친코장에서 합법과 불법의 경계를 넘나들며 경제적 안정을 이룩한 아버지를 거절하고 싶은 욕망에서 출발한다. 더 합법적이고 명백한 성공의 꿈을 꾸면서 재일조선인을 향한 내외부의 편견을 월담하고 싶었던 것이다. 그러나 그는 벗어나고자 노력하면 할수록, 자신의 불안한 정체성 안에 포박된다. 일본 사회가 우러러보는 성공 신화를 전유하고 싶었지만, 그의 욕망은 목적지에 가닿지 못하고 자꾸 미끄러진다. 어쩌면 미국인이자 바라건대 일본인이며, 어쩔 수 없이 조선인인 그의 내면은 '상호텍스트적 혼성화'가 일어나는 장소다. 그래서 그의 안간힘은 선자의 그것과 다르면서 같고, 비슷하면서 전혀 다른 해석을 요청한다.

〈파친코〉가 더 말할 수 있는 것

〈파친코〉 시즌 1을 보고, 아쉬움과 기대감이 교차했다. 아쉬움은 〈파친코〉에 대한 호평 일색의 평단 반응과 대중비평장의 뜨거운 지지를 먼저 체감했기 때문이다. 원작 소설을 읽지 않은 상황에서 〈파친코〉의 각색 의도를 정확히 진단할 수는 없다. 〈파친코〉가 소설의 전언을 효과적으로 넘어섰는지, 선택적 수정과 배제의 결과가 가치 있는 의미를 생산했는지 판단할 수 없다. 그저 8부작 시리즈물로서 〈파친코〉에 대한 평가를 내릴 수밖에 없다.

단적으로 말하면 〈파친코〉가 예외적인 찬사에 값하는 수준의 마스터피스라고 생각되진 않는다. 탈식민주의적 대항근대성에 관한 성찰을 불러일으키는 기획이 돋보인다는 점은 인정된다. 그리고 그 기획을 효과적으로 드러내는 편집 역시 매우 개성적이다. 선자와 솔로몬 등 몇몇 캐릭터가 다른 시기를 살다 간 재일조선인의 삶을 '회고'의 형식으로, 문화적 재기입의 형식으로 생동감 있게 현재화하고 있는 점도 특기할 만하다. 그러나 스토리텔링의 측면에서 명분이 부족한 '생략'의 흔적이 너무 많다. 선자의 아버지는 갑자기 사라지고, 복희의 등장과 퇴장을 보면 의미화의 가능성에 비해 너무 축약적이다. 선자의 아들이자 솔로몬의 아버지인 모자수도 끼인 세대처럼 어정쩡한 분량 안에서 충분히 성격화되지 않는다. 그처럼 〈파친코〉 안에는 중층적인 해석 가능성을 안고 있는 평면적 인물들이 너무 많다. 그들은 선자, 솔로몬 등의 인생 궤적에 대타적 개념으로 등장할 뿐 너무 기능적이다. 심지어 일제강점기 '현해탄'과 '태평양'의 의미를 가장 적확하게 보여줄 것 같은 한수조차도 매우 단선적으로 성격화되어 있다. 이에 대해 좀 더 자세히 첨언하면, 〈파친코〉에서 가장 예외적인 긴장을 낳는 에피소드는 아마도 7화일 것이다. 그제야 부분적으로나마 한수의 과거 사연이 밝혀지고, 재일조선인을 둘러싼 대문자 역사가 적나라하게 묘사된다. 그런데 이 에피소드가 독립적인 스핀오프처럼 보이는 것은, 이전 회차에서 한수 캐릭터에 대한 빌드업이 충분하지 않았다는 말과 같다.

그럼에도 〈파친코〉는 '더 말할 수 있는 것들로 가득 찬 여백'을 갖고 있다. 20세기 한민족 디아스포라와 연관된 타자성의 역사적 서사화에 성공할 가능성이 아직 있다. 첫 번째 시즌 8부작 안에는 다 담기지 못했으나 코고나다와 저스틴 전은 원작 소설가 이민진이 '말한 것'과 '말하지 못한 것'을 잘 이해하고 있는 것으로 보인다. 추측컨대 시즌 2 역시 중력에 관한 이야기가 될 것이다. 시즌 1에 완결되지 않은 기획이 성공한다면, 고한수, 모자수, 노아, 에츠코, 하나, 나오미 중 일부는 타자성의 역사적 서사화 과정에 복무하면서 입체적 사연을 드러낼 것이다. 그간 제대로 표상되지 않은 반목과 모순의 형식들, 혼성성으로 작용하는 문화적 언표 작용들을 드러내며 '앞으로 투사되는 과거'[8]에 이를 수도 있을 것이다.

시즌 1의 선자와 솔로몬은 자기 안에 살아있는 역사적 타자들을 환대하는 태도를 주문했다. 그것만으로도 괜찮지만, 때론 일찍 마무리되어선 안 되는 이야기가 있다.

8 호미 바바, 나병철 역, 『문화의 위치』, 소명출판, 2014, p.530.

3장

세상의 모든 창세신화는
카오스에서 시작되었다

김민정

위기는 기회였다. 코로나 팬데믹 이후 넷플릭스를 포함한 OTT의 가입자와 시청 시간이 기하급수적으로 증가하였고, 초국적 콘텐츠플랫폼을 타고 한국드라마는 전통적인 강세였던 아시아를 넘어 미국과 유럽으로 빠르게 퍼져나갔다. 글로벌 OTT는 'K-드라마'를 전 세계로 뻗어나가게 하는 한국의 '디지털 실크로드'가 되었다. 하지만 중요한 것은 형식이 아니라 내용이었다. 코로나 팬데믹 이후 빈부 격차는 점차 벌어지고 계급 단절과 계층 갈등은 악화했다. 그리고 전 세계 사람들이 직면한 절망적인 현실이 바로 한국드라마 안에 고스란히 담겨 있었다.

드라마 〈킹덤〉 포스터 ⓒ 넷플릭스

K-드라마의 5가지 공식

〈오징어 게임〉〈빈센조〉〈킹덤〉〈이태원 클라쓰〉〈D.P.〉 …

글로벌 신한류를 이끄는 'K-드라마'에서 공통으로 발견되는 5가지 공식이 있다. 첫째, 세계는 갑과 을의 수직적 관계를 토대로 형성된다. 둘째, 그 세계는 영원불변의 시스템이다. 셋째, 갑은 부정부패의 온상이자 악의 축으로서 사이코패스이거나 소시오패스다. 넷째, 을은 동정과 연민을 자아내는 슬프고 굴곡진 사연을 가진 사회적 소수자다.

이렇듯 K-드라마는 암울한 현실 인식을 토대로 갑과 을의 위계 서열이 중심축을 이루는 지극히 한국적인 세계관을 구축한다. 그리고 부의 불평등과 불공정이라는 전 세계인의 공통된 이슈를 통해 폭넓은 공감대를 형성한다. 이때 드라마와 실제 현실이 갈라지는 지점이 있으니, 바로 다섯 번째 공식이다.

드라마 주인공은 반드시 을이어야 한다. 현실에서는 갑이 갑이지만 드라마에서는 을이 현실의 을로서 드라마의 갑이 된다. 이로써 K-드라마는 현실을 전복하는 상상력을 토대로 공감을 넘어 전폭적인 지지와 열띤 호응을 끌어내는 데 성공한다. 그리하여 'K-드라마'라는 하나의 독특한 장르가 탄생한다.

'K'란 무엇인가

〈가을동화〉〈천국의 계단〉〈시크릿 가든〉〈파리의 연인〉 …

2000년대 초중반 한류를 이끌던 K-드라마 목록을 훑어보면 로맨스, 그중에서도 부유한 남자와 가난한 여자의 로맨스가 자주 다루어졌다. 지극히 상투적이고 진부한 신데렐라 이야기라고 폄하되던 바로 그 것. 하지만 등장인물의 성별을 지우면 새로운 의미가 발생한다. 부유한 (남자) 사람과 가난한 (여자) 사람이 만나 서로에 대한 몰이해로 툭탁거리다가 우여곡절 끝에 서로의 모든 것을 공유하는 사랑의 연대를 형성한다. 성별이 지워진 자리에 보이는 계급은 한국식 로맨스가 단순히 사랑 이야기가 아니라는 것을 증명한다.

전 세계에 '한국 갓' 열풍을 몰고 온 〈킹덤〉(극본 김은희, 연출 김성훈, 2019~2021)도 서양 좀비와는 탄생 배경부터 다르다. 미국드라마 〈워킹데드〉(2010~2021)에서 좀비는 알 수 없는 바이러스에 의해 갑자기 발생하여 폭발적으로 퍼져나간다. 하지만 한국식 좀비를 다룬 〈킹덤〉은 계급사회인 조선 시대를 배경으로 인간이 좀비가 되는 과정을 약육강식의 생태계를 통해 사회 불평등과 사회 지도층의 탐욕과 부정부패가 결합하였을 때 발생하는 문제 상황으로 설명한다.

2021년 최고의 화제작 〈오징어 게임〉(극본·연출 황동혁)도 가볍게 즐기는 데스 게임이란 장르물을 자본주의 사회의 치열한 경쟁 시스템과 불공정에 관한 비판적 메시지를 담은 한국형 스릴러로 전환한 것이다. 'K'의 손길만 닿으면 어떤 소재든 어떤 장르든 한국적 세계관의 K-드라마로 변모한다. 그것이 'K'가 가진 독특한 세계관의 힘이다.

'K-컬쳐'의 이름으로

2021년 〈오징어 게임〉은 전 세계적인 관심을 받았다. 하지만 그 전

영화 〈기생충〉 포스터 ⓒ 네이버 영화

에 그 꽃길을 손수 갈고닦은 '선배' 드라마들이 있었다. 한국 드라마의 넷플릭스 랭킹을 살펴보면 그 순위가 점차 높아졌다. 결국 그 상승세를 타고 〈오징어 게임〉은 유리천장이라 불리는 미국을 포함해 94개국에서 1위를 기록한 것이다.

긍정적인 파급효과는 같은 장르에만 국한된 것이 아니다. 2021년 〈오징어 게임〉의 초대박 흥행이 있기 전, 2020년 영화 〈기생충〉(감독 봉준호)이 미국 아카데미 시상식에서 4관왕을 차지하고, 소설 〈82년 김지영〉(작가 조남주)이 미국 타임지에서 선정한 '2020년 반드시 읽어야 할 도서 100'에 등재되고, 방탄소년단이 미국 빌보드 2020년을 대표하는 최고의 팝스타로 선정된 것은 결코 우연한 일이 아니다. K-유니버스 안에서 K-컬쳐는 서로의 알고리즘 역할을 하며 시너지 효과를 거두고 있다.

영화 〈기생충〉은 불평등한 사회 구조에 대한 풍자를 보여주고, 소설 〈82년 김지영〉은 여성 인권 유린의 현주소를 적나라하게 폭로한다. 그리고 방탄소년단은 MZ세대의 대변인으로서 동시대 청년세대가 겪는 현실적인 문제들을 공론의 장으로 소환해낸다. K-컬처가 세계의 주목을 받을 때마다 국내외 언론들은 시의성 높은 사회적 이슈를 날카롭게 포착하여 전 세계적인 공감을 끌어내는 데 성공했다고 평가한다. 나아가 K-콘텐츠 속 한국적 세계관이 얼마나 사회 비판적이고 현실 참여적인

지에 대해 칭찬을 아끼지 않는다. 하지만 콘텐츠의 변방에 자리했던 아시아의 작은 나라 한국이 지금의 콘텐츠 강국으로 등극하게 된 진정한 원동력은 사회적 이슈를 단순히 반영하는 데 있지 않다.

K-콘텐츠의 약진 이면에는 세계 질서의 변화와 중심의 붕괴가 자리 잡고 있다. 인류 공동의 환경 위기에 대응하기 위한 파리기후변화협정에서 탈퇴한 트럼프 행정부의 폭주는 더는 미국이 세계의 중심이 아니라는 것을 만천하에 폭로했다. 문화적 관용주의로 미국 일국 체제에서 그 존재감을 유지해온 유럽의 철학과 사회적 수용성 또한 악화일로를 걷고 있다. 21세기의 새로운 중심으로 떠오른 중국은 자본주의의 모순을 보완해나가는 하나의 새로운 대안이 아니라 18세기 이전의 황제체제로 회귀하는 것일지 모른다는 의구심을 불러일으키고 있다.

역설적이게도 K-콘텐츠의 약진은 유럽과 미국이 걸었던 근대화의 길을 가장 늦게 뒤쫓았기 때문이다. 지난 세기 한국은 패권주의와 약육강식의 질서에 시달리며 불합리한 횡포를 절감하였다. 이는 역으로 미국과 유럽이 한때 내세웠다가 폐기해버린 평화와 공존, 그리고 민주주의 가치를 가장 역동적으로 실현하는 나라로 발돋움하게 했다. 중심이 아닌 주변부가 세상을 구원하는 세계를 우리는 K-드라마의 안과 밖에서 함께 목격하고 있는 것이다.

이것은 K-드라마가 누리는 행운인 동시에 K-드라마가 이겨나가야 할 가장 큰 숙제이기도 하다. 지난날 세계 문화를 주도했던 미국과 유럽처럼 스스로 성찰하는 힘을 잃고 관념적 도그마에 빠진다면 K-드라마도 그들이 걸어간 쇠락의 길을 답습하게 될 것이다. 과연 K-드라마의 신화는 계속될 것인가. 이제 K-드라마가 경쟁해야 할 대상은 그 누구도 아닌

K-드라마 자신이다.

드라마 〈오징어 게임〉 포스터 ⓒ 넷플릭스

〈오징어 게임〉의 빛과 그림자

2021년 전 세계를 뜨겁게 달군 〈오징어 게임〉은 K-드라마가 구축한 한국적 세계관을 가장 극명하게 재현해낸 작품이다. 하지만 열광적인 해외 반응과 달리, 한국에서는 호불호가 갈린다. 〈오징어 게임〉의 캐릭터와 플롯이 진부하다는 것인데, 한국적 세계관에 대한 누적 시청 경험이 압도적으로 많은 한국 시청자들로서는 자연스러운 반응이다. 그런데 자세히 들여다보면 비판의 본질은 세계관의 상투성이 아니라 그 세계의 단순함과 그로 인한 폭력성에 있다.

드라마는 극적 구성을 위해 실제 현실의 특정한 측면을 선택적으로 강조하거나 축소한다. 〈오징어 게임〉 속 빈부, 선악 등 극단적 이분법적 구분에 토대를 둔 세계 또한 부의 불공정과 자본주의의 모순을 비판하기 위한 서사 전략의 일환이다. 하지만 그 세계가 다수의 작품에서 반복되어 재현된다면 특정 계층과 계급에 대한 고정관념과 우리가 사는 사회에 대한 특정 이데올로기로 작동할 소지가 있다. 드라마를 허구의 이야기로 가벼이 볼 수 없는 이유다.

최근 세계적인 사랑을 받는 K-드라마는 갑과 을만 존재하는 평면적 세계에서 갑은 절대 악으로서 온갖 범행을 저지르고 을은 절대 선으로서 세상의 모든 억울한 사연을 가슴에 품고 산다. 그리고 정부와 경찰, 그리고 법과 같은 공권력에 대한 아무런 기대와 개입 없이 오로지 사회적 약자의 사적 복수만 강조된다. 갑과 을로 분류된 사람들이 서로 죽고 죽이는 악순환만 남은 세상이 바로 K-드라마 속 우리가 사는 세상이다. 얼마나 비극적인 현실 인식인가. 얼마나 폭력적인 문제 해결인가. 또 얼마나 평면적인 타자 인식인가.

물론 드라마는 윤리 교과서가 아니다. 따라서 바람직한 메시지를 담아야 할 의무는 없다. 하지만 한국드라마의 지속가능한 성장을 위해서도 한국적 세계관의 자가복제에 대해서는 재고할 필요가 있다. 최근 '다크 히어로'의 연이은 출현에 지친 한국 시청자들이 〈오징어 게임〉보다 강원도 어촌마을 배경으로 따뜻한 공동체를 그린 〈갯마을 차차차〉(극본 신하은, 연출 유제원)에 더 뜨거운 호응을 보냈다는 것은 K-드라마가 앞으로 나아가야 할 길에 대해 시사하는 바가 크다. 소수의 히어로가 아닌 평범한 사람들이 함께 만들어가는 세상, 그것이 진정 우리가 바라는 이상적인 사회의 모습인 동시에 다양한 장르와 스타일이 공존하는 평화로운 K-드라마 월드다.

〈오징어 게임〉과 〈마이 네임〉 그리고 〈지옥〉

　　2021년 10월 공개된 넷플릭스 오리지널 시리즈 〈마이 네임〉(극본 김바다, 연출 김진민)은 언더커버를 모티프로 한 장르물로 한때 넷플릭스 세계 TV프로그램 3위에 랭크되며 제2의 〈오징어 게임〉이 될 거란 기대를 모았다. 하지만 "K-드라마만의 사회 비판적 메시지가 약하다"는 혹평과 함께 국내외 큰 반향을 일으키진 못했다.

　　〈오징어 게임〉이 '데스 게임'이란 장르물에 K-드라마만의 특수성을 내세워 글로벌 신한류 열풍에 합류했다면 〈마이 네임〉은 '언더커버' 장르물의 서사 원형을 차용해 콘텐츠의 무국적성을 강조한다. 'K'란 위대한 유산을 버리고 새로운 길을 개척하고자 한 것이다. 그런 의미에서 'K-드라마'만의 스타일이 잘 드러나지 않는다는 혹평은 역으로 장르 다양성을 확보하며 K-드라마의 스펙트럼을 넓혔다는 호평으로 전환될 수 있다.

　　2021년 겨울 공개된 넷플릭스 오리지널 시리즈 〈지옥〉(극본 연상호·최규석, 연출 연상호)은 〈마이 네임〉보다 한 발 더 앞으로 나아간다. 〈지옥〉은 한국적 특수성보다는 문화콘텐츠의 보편성을 극대화하는 전략으로, 그동안 K-드라마가 전통적으로 강세를 보였던 아시아를 넘어 유럽과 미국을 포함한 서구 문화권 시청자를 공략한다.

　　〈지옥〉은 어느 날 갑자기 평범한 사람들이 지옥행 고지를 받는 일이 발생하면서 집단적 혼란에 빠지는 가상의 미래 사회를 배경으로 한다. 극 중 지옥행 고지와 관련된 일련의 사건들은 기독교를 연상시키는데, 이때 기독교는 한국인에게는 특정 종교로서 특수성을 가지지만 미국과 유럽을 위시한 서양 문화권에서는 보편적 사회문화로서 작동한다. 〈지옥〉은 기독교적 세계관을 토대로 신과 인간의 문제를 가져와 동서양을 잇는 '디지털 실크로드' 넷플릭스의 종착지이자 지금껏 문화주도권을 가지고 있는 영미권 국가를 대상으로 정면 대결을 시도한다.

사적 복수와 다크 히어로

드라마 〈지옥〉 포스터 ⓒ 넷플릭스

'세계' 시장을 겨냥한 '한국' 드라마 〈지옥〉은 두 개의 층위로 해석될 수 있다. 우선, 한국 드라마의 최신 트랜드인 '사적 복수와 다크 히어로'의 맥락에서 〈지옥〉이 차지하는 사회문화적 좌표다. "하나님이 너 때리래"를 외치며 적폐 세력을 처단하던 2019년 〈열혈사제〉의 김해일 신부를 시작으로 2021년 〈빈센조〉, 〈모범택시〉, 〈원 더 우먼〉에 이르기까지 한국의 인기 드라마 다수가 다크 히어로의 사적 복수를 다루었다. 현 체제 안에서 공적 복수가 불가능하다는 판단 아래, 개인이 나서서 직접 악을 심판한 것이다.

2021년 겨울, 다크 히어로물의 최전선에서 〈지옥〉은 사적 복수가 일상화된 가상 사회를 배경으로 스토리를 전개한다. 극 중 평범한 사람들이 괴생명체에 의해 지옥행 선고를 받고 죽임을 당하는 사건이 발생한다. 이성과 과학으로 설명할 수 없는 초자연적인 상황이 발생하자 사람들은 혼란에 빠진다. 이때 종교단체 새진리회는 이 모든 것이 신의 뜻이라고, 인간이 만든 법이 죄인을 단죄하지 못하니까 신이 나서게 된 거라고 불안과 공포에 빠진 사람들을 설득한다.

극 중 예고 살인을 당하는 사람들은 모두 범죄자, 그러니까 제각각 살인자, 폭력범, 사기꾼, 강간범으로 밝혀진다. 폭력적인 죽음 방식에 경악하던 사람들도 점차 그 상황을 받아들이면서 직접 사적 복수에 나서기 시작한다. 사적 복수의 실천은 새진리회를 맹목적으로 따르는 소수집단 '화살촉'에서 다수의 평범한 사람들에게로 빠르게 확산한다. 사적 복수의 일상화와 맞물려 다크 히어로의 대중화가 이루어진 것이다.

공권력에 기댈 수 없는 무력한 현실과 그런 현실에 절망한 대중에게 통쾌한 해법으로 카타르시스를 선사한다는 점에서 〈지옥〉은 사회비판 요소가 가미된 킬링타임용 드라마로 읽어낼 수 있다. 지옥행 시연 방식이 다소 폭력적이긴 하지만 표현 수위에 있어 상대적으로 제약이 적은 OTT드라마란 걸 고려했을 때 어렵지 않게 수긍할 수 있다. 하지만 6부작으로 구성된 시즌 1의 5회차에서 〈지옥〉은 스토리의 방향을 확 틀어버린다. 태어난 지 얼마 안 된 신생아가 지옥행 고지를 받는 사건이 발생한 것이다.

죄를 지어 지옥행을 선고받는 것이라는 새진리회의 해석에 오류를 설정함으로써 〈지옥〉은 그동안 우리가 '속 시원한 엔딩'이라며 뜨거운 환호를 보내던 다크 히어로의 영웅담에 과감하게 제동을 건다. 지금 우리 안의 믿음과 신념이 과연 옳은 것일까. 세상에 절대 선이라는 게 존재할 수 있을까. 〈지옥〉은 선과 악, 시와 비 등 이분법적으로 재단된 세상에서 파생된 획일화된 사고와 경직된 문화가 초래할 수 있는 최악의 비극에 대해 경고한다. 〈지옥〉에서 발견되는 이러한 장르적 차이는 한국 드라마 스스로 관념적 도그마에 빠지는 것을 경계하는 자기성찰의 발로라는 점에서 주목할 만하다.

혼돈, 그 창조적 힘에 대하여

대중성을 장르적 특장점으로 삼는 드라마는 당대 시민들의 문화와 의식이 투영된 한 시대의 표상이다. 다시 말해, 글로벌 신한류를 이끄는 K-드라마는 한국 사회와 현실을 반영하는 한국 드라마인 동시에 전 지구적으로 사회문화적 공감대를 형성한 세계 공통의 드라마이기도 하다.

〈오징어 게임〉은 중심이 아닌 주변부가 세상을 구원하는 K-드라마만의 세계관을 통해 최근 미국과 유럽, 중국과 제3세계로 이어지는 세계 정치 지형의 변화를 흥미진진하게 그려낸다. 그리고 〈지옥〉은 권력 투쟁에 얽힌 인류의 오랜 역사를 중세와 르네상스를 아우르는 신과 인간의 문제에 빗대어 깊게 파고든다. 이때 〈지옥〉에서 중요한 것은 수 천 년 세계사를 관통하는 권력의 본질 즉, '그 누구도 영원한 권력을 가질 수 없음'이다. 이름하여 '절대성의 부재(不在)'.

극 중 지옥행 고지를 받은 신생아를 두고 모두가 혼란에 빠진 가운데, 시즌1의 엔딩에서 부정한 여자라고 비난받으며 공개석상에서 최초로 죽임을 당한 미혼모 박정자가 부활한다. 죽은 박정자의 부활은 신의 아들 예수를 연상시키는 동시에 예수를 낳은 '성모 마리아' 역시 성령으로 예수를 잉태한 그 시대의 미혼모라는 점을 깨닫게 함으로써 그동안 우리가 믿어왔던 절대성의 모순을 폭로한다. 이를 통해 〈지옥〉은 죄와

벌, 선과 악, 미와 추, 귀와 천, 시와 비 이 모든 것에 대한 본질적인 질문을 던지며 우리가 사는 세계에 큰 파문을 일으킨다.

"말하고 싶은 게 뭐야. 복잡해서 모르겠어."라고 신에게 절규하는 지옥행 고지를 받은 화살촉 회원, '원칙 없는 세상은 종말'이라며 집단적 멘붕에 빠진 새진리회 사제들, 그리고 끝까지 살아남아 이야기를 이끌어나갈 것이라 기대했던 배우 유아인과 박정민의 죽음으로 당혹감을 감추지 못한 채 주연과 조연 사이에서 의지할 곳을 찾아 방황하는 화면 밖 시청자들까지… 절대성의 세계는 드라마 안과 밖에서 사정없이 무너져 내린다.

흥미로운 것은 〈지옥〉에서 절대성으로 환유되는 신은 단 한 번도 그 모습을 드러낸 적이 없다는 것이다. 신에 관한 모든 것은 인간이 마음대로 덧붙인 해석일뿐. 그러니까 드라마가 말하고자 하는 것은 신이 아니라 인간 그 자체다. 신은 그저 인간에게 주어진 하나의 사건이고 중요한 것은 그 사건을 대하는 인간의 태도다. 신이란 이름의 절대적 진리가 사라진 세계에서 인간은 어떻게 살아갈 것인가. 그곳은 모든 가치가 뒤섞인 위태로운 카오스의 세상일까. 아니면 다양성이 공존하는 평화로운 세상일까. 이 지점에서 〈지옥〉은 인간의 자율성 문제를 전면에 내세우며 한국을 넘어 전 세계 시청자를 대상으로 매력을 발산하기 시작한다.

권력의 중심은 미국도 유럽도 중국도 아니다. 그렇다고 한국도 아니다. 그 누구도 아니다. 주변이 중심을 구원한다는 것은 주변이 중심을 대체한다는 의미가 아니다. 권력의 단순한 이동은 억압의 대상이 억압의 주체로 바뀌는 것일 뿐 구조적 문제를 해결하지 못한다. 주변이 중심을 진정으로 구원하는 방법은 주변이 주변을 떠나지 않고 자신이 서 있는 바로 그 변방을 중심으로 만드는 일이다. 그리하여 수많은 변방이 중심이 되는 것, 억압의 주체였던 중심을 해체하면서도 다른 주변을 다시 변방으로 만들지 않는 새로운 중심이 되어가는 것이다.

그 중심은 하나일 수도 없고 하나여서도 안 된다. 모든 인간의 언어와 모든 문화의 문법이 제각기 중심이 되는 새로운 세계, 그리고 그 세계를 품어내는 새로운 드라마월드. 그러므로 지금 여기의 우리에게는 그동안의 삶과 평안에 안주하지 않고 새로운 도전을 시도하는 대범한 용기와 열린 태도가 무엇보다 필요하다.

세상의 모든 창세신화는 카오스에서 시작되었다. 혼돈은 무질서한 상태가 아니라 새로움을 창조하는 생명력이며 다름을 포용하는 역동성이다. 평화로운 카오스와 위험천만한 다양성, 상대성의 서로 다른 두 얼굴은 〈오징어 게임〉의 세계적인 흥행 이후 K-드라마가 반드시 지나가야 할 통과의례다. 비록 〈지옥〉이 〈오징어 게임〉만큼 세계적인 반향을 끌어내진 못했지만, K-드라마의 성공 공식을 그대로 적용한 〈오징어 게임〉의 성공이 완전한 성공이 아닌 것처럼 새로운 도전을 감행한 〈지옥〉의 다소 아쉬운 흥행실적도 실패가 아니다. 정치풍자극 〈이렇게 된 이상 청와대로 간다〉, 정통 사극 〈태조 이방원〉, 판타지 〈불가살〉, SF 〈고요의 바다〉 … 세계 드라마의 정상에서 〈지옥〉이 재현해낸 혼돈의 창조적 힘으로 2022년 K-드라마의 외연은 현재 무한 확장 중이다. K-드라마의 신화는 지금부터 '다시' 시작이다.

4장

'돌보는 마음'을 얻기 위해 드는 비용

- 김유담,『돌보는 마음』

장윤미

가족 같은 노동자를 모십니다.

돌봄 서비스를 이용하는 처지에서 돌봄 노동자에게 가장 바라는 건 아마도 '가족처럼 돌봐주는 마음'일 테다. 나와 같은 마음으로 내 가족을 사랑해주길 바라는 마음. 그러나 유감스럽게도 남보다 못한 게 가족이라는 말이 반 진담이 된 시대에 타인에게 가족 같은 마음을 기대하는 건 지나친 욕심이거나, 세상 물정을 너무 모르는 것 아니냐는 반문이 앞선다. '가족 같은 마음'이란 말에 담긴 뜻을 뻔히 알지만 말이다.

반대로 돌봄 서비스 노동자 처지에서 노동과 임금으로 거래가 성사되는 공적 관계에 '가족 같은 분을 원합니다.'라는 지극히 사적인 고용조건이 붙는 건 꽤나 공정하지 않아 보인다. 가족처럼 무료로 이용할 수 있는 돌봄 노동자를 원한다는 것인지, 아니면 가족처럼 희생해줄 사람을 원한다는 것인지. 어디에 방점 두어야 할지 모호하기도 하지만, 둘 중

어느 것이 맞는다고 한들 썩 유쾌한 계약은 아니다. 차라리 '3년 이상 경력자' 또는 '1급 자격증 소지자'라는 구체적 조건이 서비스 이용자나 제공자 모두에게 현실적이고, 사람을 구하는 데도 훨씬 쉬울 것이란 생각이 든다.

노동의 자본화 아래서 가장 중요한 것은 임금 대비 노동의 효율성이다. 업무 능력이 절대적으로 뛰어난 사람이라면 사생활에 문제가 있다 하더라도 고용주에게 직접적인 피해가 없는 이상 눈감아줄 수 있다. 하지만 업무 능력이 부족한 사람은 인성과 평판이 아무리 좋다고 하더라도 해고 대상 1순위다. 자본주의 고용 시장에서 가장 중요한 것은 실력과 능력이고, 인성이나 성품은 옵션이자 덤인 셈이다. 고용자의 인성이 고용주에게 가시적인 경제적 이익을 가져다주지 않는 이상 말이다.

그러나 돌봄 노동의 경우 이러한 고용 논리를 그대로 따르기엔 복잡한 사정이 놓여 있는데 돌봄 서비스 이용자는 돌봄 노동자에게 괜찮은 실력과 함께 으레 '(가족처럼)돌보는 마음'까지 기대하기 때문이다. 이를테면 돌봄 노동자는 돌봄 대상자에게 육체적 돌봄 이외에도 친밀한 감정, 심리적 위안을 제공해야 한다고 생각하고 또 실제로 요구하는 것이다.

사실 돌봄에 노동이란 단어가 함께 쓰인 것도 최근의 일이다. 그 전까지만 해도 돌봄은 가족(중에서도 주로 여성)이 담당해야 하는 윤리적/사회적 의무 또는 사회적 약자들을 위해 하는 무료 봉사 행위로 생각하는 경우가 보편적이었기 때문이다. 사적 영역에서 해결되고 소비되었던 돌봄은 자본이 개입되면서 임노동으로, 무료 서비스가 아닌 유료 서비스로 전환되면서 직업화되었지만. 우리 사회가 돌봄 노동(자)에 실력만큼이나 기대하는 것은 특히나 윤리적, 도덕적 마음가짐이다. 만약 이 것이 없다면 돌봄 노동자로서 자질이 부족하거나 자격이 없다고 판단한다. 마음까지 다하지 않는 능력은 '가짜' 능력이기 때문이다. 하지만 돌봄 노동자의 임금은 법이 정한 임금이나 시세 사이에서 거래된다. 운이 좋아 시세보다 많은 임금을 지불하는 이용자를 만날 수도 있겠지만 그건 어디까지나 형편이 좋은 이용자고, 다수의 돌봄 서비스 이용자는 되도록 조금이라도 저렴한 노동자를 원한다. 그러면서도 '진짜' 능력을 갖춘 노동자를 구하고 싶다는 기대감은 쉽게 포기하지 못한다. 내 마음 같은 돌봄 노동자를 구하기 어려운 가장 이유다.

결론부터 말한다면 내 가족처럼 돌보는 마음을 가진 노동자를 구하고 싶다는 마음은 이기심에 가까운 마음이라고 말하고 싶다. 혹, 당신은 그런 사람을 이미 고용했다고 확신한다면 당신은 정말로 행운을 가진 사람이거나, 아니면 돌봄 노동자가 마음을 다할 만큼의 비용을 충분히 치르고 있을 가능성이 크다.

'돌보는 마음'은 상품에 포함되어 있지 않습니다.

일하는 아내, 일하는 엄마는 이제 선택이 아니라 필수다. 경제 노동에 부부가 동시에 뛰어들지 않으면 자본을 축적하는 것이 요원해졌기 때문이다. 물론 고등교육 확대와 자아실현의 기회가 여성에게 확대되면서 일하는 기혼의 여자에 대한 거부감 역시 과거와 비교해 많이 희석되었다. 그러나 경제 노동과 달리 돌봄 노동과 가사 노동은 부부가 아닌 여자가 '주'이며, 남자는 '부'에서 머무른다는 사실은 과거나 지금이나 크게 달라진 것이 없어 보인다. 경제적 책임과 부담을 부부가 나누어지면서 남자는 경제 노동의 무게에서 덜었다지만 여자의 돌봄과 가사 노동의 무게는 줄지 않았다. 남자는 여자에게 '부탁'받으면 여전히 '도와주는 것'에서 크게 벗어나지 못하는 수준이고, 집안일에 대해서는 수동적인 포지션을 유지한다. 그건 어디까지나 내 일이 아니라 아내의 일, 자식을 키우는 엄마의 일이라고 생각하기 때문이다. 이를 뒷받침하는 가장 확실하고 만만한 근거 중 하나는 바로 모성애다. 일과 사랑을 교묘히 섞어 여자의 마음을 납작하게 만들어버리는 것.

여자가 가족의 돌봄 대신 커리어에 방점을 찍기라도 하면 힘들어지는 건 여자 당사자뿐 아니라 가족 모두다. 여자 혼자 해냈던 가사 노동을 가족이 각각 나누어 맡아야 하기 때문이다. 나누어 맡아야 할 노동이 많아지고 시간이 길어지면서 불만은 속출한다. 그 '잘난' 커리어를 쌓겠다고 가족들에게 이렇게 피해를 주어야 하냐는 핀잔과 원망에 익숙해지려면 웬만한 뻔뻔함이 아니고서는 힘들다. 그래도 가사 노동의 경우 욕을 먹든 핀잔을 듣든 아쉬운 대로 분담을 할 수 있는 노동이지만, 돌봄 노동은 가족의 분담만으로 해결할 수 없는 문제가 산재하기에 더 복잡하고 또 어렵다. 어쩔 수 없이 제삼자의 도움이 간절히 필요하다. 우리가 으레 '돌봄 도우미' 또는 '이모님'으로 부르는 유로 돌봄 서비스 노동자의 도움말이다. 그런데 돌봄 대상이 대개 특성상 지속적인 관심과 관리가 필요한 약자라는 점(돌봄 대상은 주로 아이, 노인, 그리고 환자다), 또한 통제가 쉽지 않아 돌발과 안전과 관련한 변수가 언제든지 발생할 수 있다는 점에서 까다로운 노동에 속한다. 그러다 보니 돌봄 노동을 의뢰하는 사람은 고용주인 '갑'인 동시에 약자를 맡기고 부탁해야 하는 '을'이

되곤 한다.

그러나 돌봄 노동자를 고용해본 적이 있는 사람이라면 잘 알 것이다. 내 마음 같은 돌봄 노동자는 없는 거나 마찬가지라는 사실, 한결같이 좋고 친절한 노동자는 없다는 사실 말이다. 돈은 돈대로 쓰면서 만족스럽지 못한 서비스를 받느니, 차라리 내가 일을 그만두고 집안일을 하고, 아이를 돌보는 낫겠다는 생각이 수시로 들 만큼 마음에 드는 돌봄 노동자를 찾는 일이란 쉬운 일이 아니다. 이런 불만을 남편이나 가족에게 토로라도 하면 돌아오는 건 한마디다. '네가 선택한 거잖아', '마음에 들지 않으면 네가 하면 되잖아.' 이 말은 마치 커리어를 선택한 여자에게 가족의 돌봄을 포기한 대가를 치르고 중이라고 말하는 듯하다.

김유담의 단편소설 『돌보는 마음』은 기혼에 아이를 가진 직장여성이 돌봄 노동자를 구하면서 겪게 되는 일련의 과정을 담은 소설이다. 으레 사랑과 희생으로 치환되곤 했던 '돌봄의 마음'은 고용과 임금이 오가는 노동 시장에서 새로운 의미로 해석되어야 함에도 불구하고, 여전히 '돌보는 마음'에 인간적 애정을 기대하는 마음이 얼마나 타당한 것인가에 대한 질문을 던진다는 점에서 주목할 만하다.

주인공 미연은 복직을 앞두고 딸아이의 육아를 맡길 돌봄 노동자를 찾는 중이다. 그녀가 생각하는 고용 조건은 합리적인 비용과 육아에 숙련된 사람이다. 그러나 미연이 제시하는 조건에 들어맞는 사람을 구하는 건 쉽지 않다. 합리적인 비용이라는 말은 사실 고용주에게 유리한 비용일 가능성이 크고, 숙련이란 말 역시 상대적일 뿐만 아니라 판단하기도 어렵기 때문이다. 역시나 미연이 돌봄 노동자에게 제시한 가격은 시세를 반영하지 못한 턱없이 부족한 금액이라는 것, 국가기관이 인증한

실력과 이용자의 만족도는 별개라는 사실에 맞닥뜨리면서 미연은 심란
해진다. 어떻게 해야 할지 몰라 고민을 털어놓은 미연에게 세 아이를 키
우면서 동시에 커리어를 유지하고 있는 워킹맘 혜정은 '마음이 드는 사
람을 뽑되, 여차하면 교체하겠다는 마음'으로 시터를 찾으라는 조언을
한다.

　유능한 워킹맘 혜정의 소개와 전문 기관의 보증, 그리고 여차하면
교체하겠다는 마음 세 가지를 완벽하게 장착한 미연은 정순을 소개받아
시터로 들인다. 정순의 가사 노동은 대체로 만족스럽지만, 막상 돌봄 노
동은 그렇지 못한 것이 영 마음에 걸리는 미연이다. 미연의 부부처럼 아
이를 진심으로 예뻐하지 않는 정순의 태도 때문이다. '마음'이 굳이 필요
없는 가사 노동은 유능할지 몰라도 노동 돌봄에 '마음'이 없다는 데 생각
이 미치자 결국 미연은 교체 카드를 꺼낸다. 미연이 필요한 건 자신의 사
랑과 마음을 온전히 대신해 줄 도우미이므로.

　그러던 중 우연히 아파트 놀이터에서 미연의 사정을 듣게 된 남희
가 미연에게 자신이 기꺼이 아이를 돌봐주겠다고 제안한다. 그것도 미
연이 제시하는 조건을 모두 수용하면서 말이다. 적당한 비용, 노동자를
감시할 수 있는 장치, 게다가 (가족처럼) '돌보는 마음'까지 갖춘 남희는
고용주 입장에서 최적의 노동자인 셈이다.

　그런데 남희에게는 미연의 아이 말고 돌봄이 필요한 또 한 사람이
있었는데 바로 그녀의 시어머니다. 하지만 남희는 이 사실을 미연에게
말하지 않는다. 정확히 말하면 이 사실을 알릴 필요나 의무는 없다. 그건
어디까지나 남희의 사적인 영역이고 그것이 아이를 돌보는 일에 어떠한
피해를 주지도 않기 때문이다. 하지만 남희에게 이 비밀은 자기검열처

럼 작동하며 미연에게 들켜서는 안 되는 금기로 작동한다. 가족도 제대로 돌보지 않는 사람이 남의 가족을 진심으로 돌볼 수 있겠냐는 의심과 비난이 눈에 보이기 때문이다. 이 사실이 밝혀진다면 남희는 나쁜 '가짜' 돌봄 노동자로 전락하게 될 것 뻔하다.

역시나 미연은 남희가 자신의 가족인 시어머니를 방치하는 것도 모자라 학대한다는 사실을 알게 되고 충격을 받는다. 그러면서 가족을 학대하는 사람이 '생판 남'인 지우를 가족처럼 돌보는 건 불가능하다는 판단을 내린다. 그런 미연 앞에서 시어머니는 학대받아도 싼 사람이라며, 자신은 결코 나쁜 사람이 아니라고 적극적으로 변호하는 남희를 보면서 미연은 혼란스럽다. 남희는 아이와 자신에게 부족함 없는 시터고, 만약 미연이 CCTV를 통해 남희가 시어머니를 학대하는 장면을 보지 않았더라면 고용 관계는 문제없이 지속했을 것이다.

좀 더 확장하여 미연이 아닌 남희 입장에서 생각하면, 남희와 시모의 관계는 미연이 신경 쓰지 않아도 되는, 더 정확히 말하면 침범하지 말아야 하는 남희의 은밀한 사적인 영역이다. 남희와 미연의 관계는 계약으로 맺어진 공적 관계인 만큼 미연은 남희의 사생활에 대해서는 개입할 필요도, 명분도 없는 것이 사실이다. 물론 시어머니를 학대하는 남희의 모습은 충격적이긴 하지만 미연이나 미연의 아이에게 아직 어떠한 피해도 주지 않았다는 면에서 교체 카드를 꺼내기는 무리이기도 하고, 미연 입장에서 그 선택이 최고의 선택이라는 보장도 없다. 가족을 마음으로 돌보지 않는 사람이 타인은 마음으로 돌볼 것이라는 말도 어쩌면 공동체 유지를 위해 만들어낸 상상의 명제일 뿐이므로.

이 와중에 같은 팀 소속인 승주가 저지른 사건으로 미연은 또다시

골치가 아프다. 융통성을 가지고 고객 응대하지 못하는 승주 때문에 병원 고객 서비스 센터 팀장인 미연이 곤란한 상황에 부닥치게 된 것이다. 남자 노인은 위독한 신체를 무기로 삼아 수술 날짜를 앞당겨 달라고 요구했지만, 원칙을 고수하며 그의 요구를 거부한 승주의 태도에 기분이 상한 나머지 병원 서비스 수준을 언급하며 문제를 공론화한 것이다. 어떻게 해서든 문제를 수습해야 했던 미연은 승주를 불러 '고객의 마음'을 일일이 헤아리는 것도 일의 일부라며 승주를 타이른다. 하지만 승주는 매뉴얼과 원칙을 고수하며 미연의 충고와 고객의 사과 요구를 모두 거절한다. 미연은 승주의 마음을 이해하지 못하는 건 아니지만 그래도 돌봄 노동자의 특수성을 운운하며 승주를 겨우 설득한다. 그렇게 승주와 미연은 남자를 찾아갔고, 미연은 승주 대신 무릎을 꿇고 진심으로 사과하며 고객에게 '돌보는 마음'을 품을 수 있도록 교육하겠다고 약속하며 문제를 해결한다.

고객의 사적인 감정을 이해하는 것까지가 업무이자 직업윤리라고 말하는 남자와 반대로 공적 매뉴얼에 제시된 대로 수행하는 것이 자신의 업무라고 생각하는 승주 사이에서 미연은 자연스럽게 남희와 자신과의 관계를 떠올린다. 자신이 가진 사회적 위치를 이용해 타인의 감정까지 장악하려는 고객의 모습은 마치 시어머니를 학대하는 남희의 사적인 모습이 마치 그녀의 전부인 것처럼 환원하여 분노하고 비난하는 자신과 다르지 않다는 것을 깨닫게 되는 것이다. 미연은 승주와 남자를 두고 그들에게 각각 자기 모습을 투영하며 가장 현실적인 답을 찾으려 했고, 결국 미연은 승주의 고용을 연장하지 않는 것으로 마음을 굳힌다.

어떤 노동이든 주어진 매뉴얼에 따라 원칙대로 업무를 수행하는 것이 기본이지만, 돌봄 노동은 일반 노동과는 다른 특수한 지점이 존재한다. 적어도 돌봄을 제공하는 노동자는 뛰어난 업무 능력만큼이나 돌봄 서비스 이용자로 하여금 과잉에 가까운 친절과 진심을 요구받기 때문이다. 이를테면 돌봄 노동에 필연적으로 마음이 동반되어야 한다는 암묵적인 계약이 존재하는 것이다. 이는 사랑과 희생하는 마음이 좋은 돌봄 노동, 양질의 돌봄 노동의 기본이라는 심리가 우리 사회에 내재해 있기 때문이다. 그리고 이것은 돌봄 노동이 다른 육체노동보다 훨씬 힘들고 어려운 이유가 되기도 한다.

승주의 업무 태도는 주어진 원칙에 따라 업무를 진행했다는 점에서만 보면 문제 될 것이 전혀 없다. 하지만 친절과 진심까지 요구하는 사회 분위기에서 승주의 '싸가지 없는' 원칙적인 태도는 반대로 돌봄 노동자로서 업무수행 능력이 부족하다는 것을 증명하는 증거가 될 뿐이다. 그렇다고 해서 함부로 승주를 비난할 수는 없다. 돌봄 노동은 희생과 사랑으로 '퉁'칠 수 있는 공짜 노동이 아니라 엄연히 비용을 주고받는 임노동이며 더 많은 돌봄, 좋은 질의 돌봄을 요구하고 싶다면 그만큼의 비용을 지불하면 될 일이기 때문이다. 우리는 가족의 사랑과 희생으로 만들어진 공동체가 아니라 모든 것을 자본으로 측량하며 이익에 따라 개인을 고용하고 또 평가하는 자본주의 시장 한복판에서 살고 있다는 점을 기억해야 한다.

직업윤리와 돌봄 노동

직업윤리의 사전적 정의는 자신이 속한 조직과 사회에서 요구하는 윤리기준을 충분히 이해하고 있고, 이를 실무를 집행하는 과정에서 충실하게 이행할 수 있는 윤리다. (다음 백과사전 참고)

직업윤리의 핵심은 노동 서비스를 제공하는 제공자가 조직과 사회가 요구하는 것을 충실하게 수행했는가이다. 하지만 그 능력에 판단과 결정은 전적으로 노동 서비스 이용자에게 달렸다는 점에서 그 기준은 객관적이기보다 주관적이고, 절대적이기보다 상대적이다. 특히 돌봄 노동과 같은 특수한 노동일 경우 객관적 평가 기준도 지표도 없어 노동 제공자와 이용자 사이에서 만족도에 대한 심리적 괴리감은 다른 노동에 비해 훨씬 클 수밖에 없다.

돌봄 노동자를 구할 때 이용자는 물리적인 노동뿐만 아니라 으레 착하고 좋은 마음까지 요구하곤 한다. 이를테면 '돌보는 마음'까지가 돌봄 노동자의 직업윤리인 것이다. 그러나 돌봄 노동자 위치에서 돌봄 노동을 제공하고 임금을 받는 공적 계약서에 '노동의 범위: 돌보는 마음까지 포함'이라는 사적인 조건이 붙게 된다면 어느 누가 고용 계약서에 기꺼운 마음으로 사인할 수 있을까.

고객에게 사죄하고 돌아가는 길에 팀장님은 어느 편이냐 묻는 승주의 물음에 '일은 일일 뿐'이라고 말하고 쏴주고 싶지만, 정작 미연의 입에서 나온 말은 '물론 나는 승주 씨 편이지'라는 마음에도 없는 말이다. 미연의 진심은 '자기편도, 일도 구분 못 하는 어린애'라고 말하고 있지만, 자신 역시 돌봄 노동을 제공하는 한 사람으로서, 직업 윤리상 승주의 마음을 돌봐주는 것으로 타협을 선택한 것이다.

여전히 해결되지 않는 남희 문제를 두고 미연이 어떤 선택을 할지 소설의 마지막 부분에는 나오지 않았지만, 남희를 당장 해고하지는 않되, '여차하면 교체하겠다는 마음'만큼은 유지할 것이라는 짐작은 충분히 가능하다. 커리어를 위해, 자본 축적을 위해, 미연에게 우선 지금 당장 필요한 건 나 대신 돌봄 노동을 해 줄 노동자기 때문이다. 그러나 '돌보는 마음'을 장착한 '진짜' 돌봄 노동자를 찾을 때까지 미연은 탐색을 멈추지 않을 것이다. 미연은 고용원칙에 따라 노동자를 선택하고 직업윤리를 바탕으로 노동자를 판단할 뿐이다. 미연의 행동이 이율배반적이라고 비난 말할 수는 없다. 결국, 우리는 이러한 노동 시장 메커니즘 아래서 고용하고 또 고용 당하고 있으므로.

5장

누구나 자신의 삶을
스스로 선택할 권리가 있다

- 0set 프로젝트, <관람모드-있는 방식>

양근애

장애인이 '있는' 곳은 어디인가

"우리는 '있는' 사람으로 여겨지지 않는 누군가가 '있는' 사회에 살고 있다.
누군가는 어딘가에 있는, 하지만 어디에 어떤 방식으로 있는지 알 수 없는 혹은
알고자 하지 않는 거주시설에서 살고 있다. 〈관람모드-있는 방식〉은
없다고 여겨졌던 사람들, 하지만 분명히 있는 사람들의 말, 기억, 목소리를
따라가며 장애인 거주시설이 있는 방식을 확인하고자 한다.
그것이 곧 우리가 있는 방식에 대해 질문이기도 할 것이기에."

0set 프로젝트의 〈관람모드-있는 방식〉의 '공연소개' 글은 이렇게
시작된다. 곱씹어볼 대목이 많다. 먼저 장애인의 가시화 문제. 2021년 4
월 19일 보건복지부 발표 자료에 따르면 등록장애인수는 전체 인구 대
비 5.1%, 2020년 한 해 동안 8만 3000여 명이 장애인 등록을 했다. '장

애'가 신체의 손상과 의학적 치료를 지칭하는 개념(의학적 모델)이 아니라 사회적 차별과 억압으로 인해 구성되는 개념(사회적 모델)이라면 장애인의 숫자는 헤아릴 수 없이 더 많아질 수 있다. 그러나 지역사회에서 장애인을 만나는 일은 드물다. 전국장애인차별철폐연대(전장연)의 이동권 개선 집회처럼, 출근길을 가로막고 몸을 던지는 일을 해야 뉴스에서 조명해준다. 우리 사회에 분명히 존재하지만 가시화되지 않은 대표적인 '누군가'가 바로 장애인이다.

두 번째, "어디에 어떤 방식으로 있는지 알 수 없는 혹은 알고자 하지 않는 거주시설" 문제. 그렇다면 우리 눈에 잘 보이지 않는 장애인은 어디에 살고 있을까. 보건복지부에서 공개한 2018년 장애인 복지시설 일람표에 따르면 장애인 거주시설수는 1,517곳이고 그 중 752곳이 공동 시설이다. 그러나 그 시설 역시 눈에 띄는 곳에 존재하지 않는다. 〈관람모드-있는 방식〉에서 방문한 '향유의집'처럼 88올림픽 등을 이유로 지역사회로부터 배제되어 시 외곽이나 가족들의 생활 공간과는 먼 곳에 위치하는 경우가 많다.

장애인 거주시설은 1950년 한국전쟁 이후 거리로 내몰린 수많은 전쟁고아, 노인, 장애인을 돕기 위해 만들어진 수용시설에서 출발했다. 1970년대 이 시설이 필요 없게 되자 무연고 장애인의 수용 및 보호를 위해 장애인 거주시설의 운영이 급격히 늘어났다. 이후 장애인 거주시설은 가족과의 분리, 집단생활을 위한 통제와 규칙, 효율적인 예산 등을 근거로 운용된다. 1990년대까지 장애인복지서비스는 '재활 모델'에 근거했기 때문에 가족과 분리된 개인을 전문가의 관리 하에 집단 수용하는 체제로 시설이 유지되었다. 2000년대 이후 '자립생활 모델'을 택하면서 사회통합과 당사자 중심의 시스템을 추구하게 되었지만, '자립'을 위한 탈시설 문제는 여전히 난항을 겪고 있다.

마지막으로, "없다고 여겨졌던 사람들, 하지만 분명히 있는 사람들의 말, 기억, 목소리". 장애인에 대한 부당한 차별과 배제를 비판하는 것이 정치의 몫이라면, 비장애인보다 더 다양한 장애인의 삶을 담아내는 일은 문화예술의 몫일 터. 정치가 정책의 논리와 실효성을 따져가며 사회 의제를 구성할 때, 문화예술은 그 과정에서 가려지는 당사자의 목소리를 적극적으로 드러내 그것을 생생한 현실로 만들어낼 수 있기 때문이다. 〈관람모드-있는 방식〉은 장애인 당사자의 기억과 목소리를 통해 장애인이 '있는 방식'을 탐색하기 위해 극장이 아닌 향유의집으로의 '이동'을 중요한 장소로 삼는다. 여의도 국회의사당역 근처 이룸센터와 김포로 가는 버스와 향유의 집으로 가는 길 자체가 극장 이상의 장소성을 지닌다. 관객은 공연의 참여자로서, 그들이 시설에서 살았던 궤적을 바라보고 상상하면서 우리 사회가 '있는 방식'을 깨닫게 된다.

폐쇄된 시설과 움직이는 연극

이 글은 0set 프로젝트의 〈관람모드-있는 방식〉의 관객으로 참여한 기록이다. 관객이 공연을 보고 느낀 일을 기록하는 방식은 공연의 성격과 태도에 따라 달라지기 마련이다. 향유의집으로 이동하는 길과 향유의집 건물 안팎을 자신의 의지에 따라 자유롭게 관람하는 과정, 그리고 다시 서울로 돌아오는 길에서 내가 보고 듣고 느낀 것은 다른 관객과 다를 수도 있다. 매일 공연에 참여하는 활동가와 장애인 출연진이 달랐기 때문이기도 하지만, 향유의집 본관과 별관 건물의 통로, 경사로, 방과 화장실에서 발견할 수 있는 문장과 인터뷰 영상, 영상으로 연결되는 QR코드, A4로 인쇄된 자료들을 통해 각자 구성할 수 있는 이야기가 다양하기 때문이기도 하다.

0set 프로젝트의 〈관람모드-있는 방식〉은 설립 36년만에 시설폐지된 향유의집으로 향하는 버스에 올라타는 것으로 시작한다. 버스에 오르기 전 여의도 국회의사당역 근처에 있는 이룸센터에서 모이는 일이 프롤로그에 해당한다고 볼 수 있는데, 〈관람모드-있는 방식〉이 혜화동 1번지 7기동인 '2021년 가을페스티벌: 법rule'의 한 작품이기 때문이다. 이 기획은 "법과 규범을 점검함으로써 우리 사회를 들여다보고, 법을 다시 구성함으로써 아직 마주하지 못한 정의의 자리를 모색하고자 한다."라는 의도에 맞게 다섯 작품을 내놓았다. 해방과 한국전쟁 이후 '보호와 수용'에서 '훈련과 재활'로 다시 '자립'으로 변화해온 장애인 거주시설의 역할은 지금 어떤 질문을 통과하는 중일까. 그리고 법과 규범으로 경계 지을 수 없는 사람의 일은 어떻게 이야기되어야 할까.

버스 안 좌석 위에는 생수 한 병과 사진엽서 한 장이 놓여 있다. 내가 앉은 자리에 놓여 있던 사진엽서에는 아주 가까이에서 찍은 듯한 물건의 일부가 담겨 있었는데 그것이 무엇을 의미하는지를 그때는 미처 알 수가 없었다. 평일 낮, 여의도 이룸센터에서 김포로 가는 길에 평범한 일상의 풍경들이 무심히 지나갔다. 중간 경유지인 김포장애인자립생활센터에 도착하자 휠체어 리프트가 오르내리는 소리가 들려왔다. 향유의 집을 나와 자립한 김동림 씨가 비어 있던 버스의 중앙에 자리를 잡았다. 이 버스는 일종의 움직이는 극장이다. 휠체어가 놓인 버스의 중앙은 무대, 자신의 목소리와 존재를 드러낸 김동림은 배우, 사진엽서는 초대장 혹은 프로그램북이다. 이룸센터에서 버스로, 버스에서 향유의집으로, 시설에서 탈시설로, 극장에서 현실로 '이동'하는 과정에서 이 공연의 특징이 드러난다.

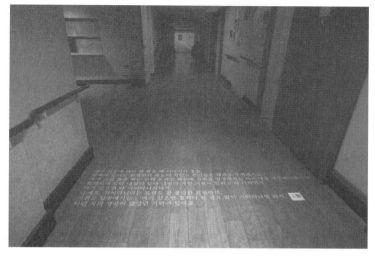

'관람모드-있는 방식' © 정택용

공연은 김동림의 음악방송으로 속도를 냈다. 김동림은 DJ가 되어 공연 예약 때 신청받은 관객들의 신청곡을 들려준다. 버스 앞쪽에 달린 TV에는 수어통역이 있는 영상이 나온다. 마치 여행을 가듯, 창밖의 풍경은 어느새 도심을 벗어나 있고 김동림이 선곡한 음악은 오늘 공연의 주제, 가령 탈시설이나 차별, 보호, 격리, 자립 등과는 무관한 짐짓 가벼운 터치로 이동의 감각을 환기시킨다. 여의도에서 한 시간 남짓 달려와 도착한 곳은 1986년 석암베데스다요양원이라는 이름으로 설립된 장애인

거주시설로 지난 4월 30일 폐쇄된 향유의집이다.[1]

석암베데스다요양원은 사회복지재단인 석암재단에서 운영한 시설로, 2008년 족벌 경영과 장애수당 횡령, 인권유린 등이 폭로되었다. 2009년 8명의 장애인이 서울 마로니에 공원에서 62일간 농성을 벌였고 석암베데스다요양원은 향유의집으로 바뀌었다. '마로니에 8인' 중 한 사람인 김동림은 다시 시설로 돌아가지 않았다. 22년 동안 시설 생활을 하다 2009년 자립을 시작해 지역사회로 돌아온 김동림은 동료들과 탈시설운동을 하고 사랑하는 사람을 만나 결혼도 했다고 한다.[2]

탈시설운동의 출발이 된 향유의집은 폐쇄되었지만, 시설의 흔적은 그대로 남아 역사로 존재한다. 버스에서 내린 관객은 폐쇄된 향유의집 입구의 자물쇠가 열리는 연극적 순간을 신호로 무대를 옮겨간다. 일종의 투어-연극을 취하고 있는 〈관람 모드-있는 방식〉은 지금은 없는 장소에서 아직 존재하는 시설의 폭력과 억압을 관객이 각자의 속도와 온도로 감지하도록 한다. 관객은 본관과 별관의 내부, 두 건물을 이어주는 구름다리 등을 자유롭게 이동하며 시설 거주자들의 목소리를 담은 레터링과 영상을 만난다. 건물 안에는 수용인원이 120명이 넘었을 때는 한 방에 예닐곱 명이 거주했다는 작은 방들이 줄지어 있다. 두 개의 방 사이에는 화장실이 있고 화장실 문에는 "목욕 중입니다", "관장 중"과 같은 팻말이 붙어 있다. 여러 명이 같이 쓰는 화장실이기 때문에 누가 문을 열

---

1 향유의집 폐쇄에 관한 이야기는 다음 기사를 참고로 했다. 강혜민, 「2021년 4월 30일, '향유의집' 폐쇄되던 날」, 『비마이너』, 2021. 5. 1. (https://www.beminor.com/news/articleView.html?idxno=21251)

2 특별취재팀, 「"우리 같이 살래요" 시설에선 꿈도 못 꿨던 사랑」, 『한겨레』, 2019. 2. 9. (https://www.hani.co.kr/arti/society/society_general/881419.html)

지 않도록 사용 중이라는 것을 알리는 일은 필수였다.

휴게실은 사망자가 발생하면 한쪽에 병풍을 치고 장례를 치르는 공간으로 쓰였다고 한다. 영상에서는 이런 목소리가 들려왔다. "죽은 사람을 거기다 갖다 놓고 병풍으로 이렇게 가렸잖아요. 그러니까 이제 누구야 말 안 들으면 저기, 예. 휴게실 가서 병풍 쳐라 그러면 진짜 말을 잘 들었어요."

본관 1층부터 3층까지를 돌아다니면서 만날 수 있는 레터링은 다양했다. 인권기록활동가들이 거주자들의 인터뷰를 한 내용 중에서 발췌한 내용들은 구술에서 문자로 이동하면서 공적 발화로 작동되는 느낌을 준다. 레터링의 위치에 따라 벽에 비스듬히 붙은 글자를 올려다보고 바닥에 붙은 글자를 내려다보는 등 특정 자세를 취하면서 거주자들의 눈높이를 간접 체험할 수도 있다.

공연은 사생활은커녕 인권도 제대로 지켜지지 않았던 시설에서의 일들을 다큐멘트로 전시하면서도 이를 주장하려고 애쓰지 않는다. 이제는 과거가 된 사실을 전달하는 목소리도 담담하다고 느껴진다. 오랜 시간이 흐르고 반복되면서 무감각해졌을 일들이 먼지처럼 폐쇄된 시설에 가라앉아 있었다. 인터뷰를 통해 발화된 말들은 문장으로 기록되어 부재를 현존시킨다. 보호라는 이름의 격리가 이루어진 장소에는 생활의 흔적들도 함께 있다. 가구, 이불, 빨래 건조대, 달력, 손때 묻은 벽지와 장판, 액자, 옷걸이 등은 기록이나 메시지에 담기지 않는 고유한 자국으로 남아 있다. 그 자국들은 더는 시간의 흐름과 함께 작동하지 않는다.

이동 또는 움직여 자리를 바꿈

'관람모드-있는 방식' © 정택용

　　본관과 별관을 잇는 구름다리에서는 바깥의 풍경을 내다볼 수가 있다. 이동의 편리성과 효율적 관리를 목적으로 지은 이 공간에서 거주자들은 빨래도 널고 놀이도 하고 바깥도 내다보았다고 한다. 그러나 투명도가 낮은 창으로 바라보는 시야는 한정적일 수밖에 없다. 외출을 대신하는 그 내다봄이 안전할지는 몰라도 결코 자유롭지는 않았을 것이다. 아무리 좋은 시설이라도 집단 수용과 격리를 전제로 한 이상 시설은 개인의 자유를 박탈할 수밖에 없다. 그러나 공연을 안내하는 장애와인권 발바닥행동의 이정하 활동가나 시설 거주자였던 김동림(다른 날에는 한규선이 등장한다)은 직접 와보지 않으면 결코 감각할 수 없을 시설의 문제들을 알려주는 안내자이면서, 개인적 감정적 개입 없이 관객과 시설이라는 장소를 매개하는 역할에 충실했다. 당사자로서 자신의 이야기를 내세우거나 필요하다면 정치적 호소를 할 수도 있었을 텐데 전혀 그렇게 하지 않았다. 외려 있었던 일을 담담하게 말하는 태도는 인권이 짓밟혔던 개인적 기억보다 탈시설을 둘러싼 구조적 해결에 주목하도록 만들었고, 없어진 시설과 시설에 살았던 사람들을 대상화하지 않으려는 제작진의 노력만큼이나 인상적으로 다가왔다.

〈관람모드-있는 방식〉에서 본 것은 장애인시설의 역사와 탈시설운동의 발자취, 탈시설지원법의 필요성과 같은 사실들을 넘어선다. 경사로 바닥에는 "2009-117-4-1-1-12-64"와 같은 숫자들로 향유의집의 연혁을 나타낸 레터링이 있다. 해당 연도와 거주 인원, 사망, 전원, 원가정 복귀, 자립한 인원의 수와 직원수를 표시한 것이다. 88올림픽을 준비하면서 강서구에 있었던 시설을 도시 밖으로 밀어내고 장애인을 보이지 않도록 만든 후, 격리는 차별과 배제라는 우리 사회의 존립 방식을 보여주는 정책으로 아주 오래 자행되었다.

향유의집 1층에서 지하로 내려가는 경사로를 지나갈 때, 계단참의 벽에 낡은 매트리스가 세워져 있었다. 장애인시설에 맞지 않는 경사로의 높은 기울기 때문에 다치는 일이 빈번했다는 뜻이다. 붉은 니트로 덮인, 군데군데 찢긴 그 매트리스를 단번에 알아본 까닭은 처음 버스에 탔을 때 내가 앉은 자리에 놓인 사진엽서 속 피사체가 바로 거기에 있었기 때문이다. 아무 정보도 없이 처음 그 사진엽서를 받아들었을 때 내가 느낀 것은 억압도 폭력도 아닌 어떤 온기였다. 시설은 폐쇄되었지만 살아내고자 했던 기억은 사라질 수 없다. 역사가 기록하지 않는 기억의 흔적들을 포착하는 다감한 시선 덕분에 그곳에 살았던 사람들의 긴장 어린 생존과 일상의 존엄을 상상해볼 수 있었다.

향유의집으로 가는 버스 안에서 만난 작은 조각의 이미지는 다시 여의도 이룸센터로 오는 버스 안에서 거대한 실체로 다가왔다. 어디선가 누군가의 시선에서 보면 차별과 배제의 대상이 되는 소수자들이 부분에 불과해 보일지 모르지만, 그들에게 주어진 삶의 조건은 우리 사회의 수준과 태도를 그대로 보여준다는 점에서 전체와 다르지 않다. 버스는 왔던 길을 되돌아왔다. 그러나 온전한 제자리란 없다. '이동'은 "움직여 자리를 바꿈"이라는 사전적 의미를 가지고 있다. 탈시설의 당사자들은 장애인들이지만 장애인들과 함께 지역사회에서 살 준비를 해야 할 사람들은 비장애인들이다. 타인과의 자리바꿈이 없다면 공존도 불가능할 것이기 때문이다.

'관람모드-있는 방식' ⓒ 정택용

올해 4월 13일 JTBC '썰전라이브' 토론에서 이준석 국민의힘 대표가 '장애인거주시설에 대한 만족도가 높아 시설에서 나가고 싶지 않은 장애인이 더 많다'는 취지의 발언을 했다. 이 발언을 다룬 기사에 따르면 '시설에서 나가서 살고 싶은지' 묻는 문항에 '그렇지 않다'라고 응답한 비율이 59.2%, 나가고 싶지 않은 이유에 응답한 비율은 '나가서 어떻게 살아야 할지 몰라서'(21.9%), '경제적 자립 자신이 없음'(14.7%), '가족이 이곳에 있기를 원해서'(9.7%), '함께 살 가족이 없거나 찾을 수 없을 것 같아서'(4.8%)로 나타났다.[3]

이 응답 어디서 시설에 대한 '만족도'를 읽은 것일까. 지금은 폐쇄된 향유의집을 방문한 것뿐이지만, 그 공간의 역사와 기억이 말해주고 있었다. '시설은 감옥이다'라는 당사자들의 목소리는 결코 과장일 수 없다.

탈시설을 반대하는 대부분의 목소리는 장애인과 함께 살아가는 문제를 가족에게 떠넘기기 때문이다. 2017년 6월 시설에 살던 동생을 집으로 데려온 장혜영 의원의 말처럼 "장애인 가족이라는 이유만으로 자신이 원하는 삶이 아니라 돌봄에 종속된 삶을 살아야 하는 구조를 바꾸는 게 탈시설"[4]이다. 학교에서, 지하철에서, 버스에서, 시장에서, 공원에서, 극장에서 장애인을 만나기 힘든 사회는 문제가 있다. '자기결정권을 행사하기 어려운 중증의 발달장애인의 탈시설이 불가능하다'는 말에 대해 "권리는 능력의 여부와 상관없이 보장될 때만 권리일 수 있으며 '시설에서의 삶'이야말로 장애인들의 자기결정권이 가장 심각하게 침해되

---

3 정다혜, 「시설 장애인들이 탈시설을 원치 않는 진짜 이유」, 『비마이너』, 2022. 5.
   12. (https://www.beminor.com/news/articleView.html?idxno=23356)
4 김윤나영, 「장애인 인권, 이제 국회에서(2): 장혜영 의원 "탈시설, 돌봄에 종속된
   삶 구조 바꾸는 것"」, 『경향신문』, 2022. 4. 13. (https://m.khan.co.kr/politics/
   politics-general/article/202204131537001#c2b)

'관람모드–있는 방식' ⓒ 정택용

고 무력화 되는 상황"이라는 것을 밝힌 기사[5]는 장애인 관련 정책이 여전히 과거에 머물고 있음을 아프게 꼬집으며, 다시 진전된 정책으로 나아가기 위해 더 많은 논쟁과 배움이 필요하다는 것을 역설하고 있다. '법 rule'의 목적을 상기해보는 것도 좋겠다. 자기결정권은 모든 국민이 자신의 행복을 추구하기 위해 보장되어야 할 헌법적 기본권이다. 또한 유엔장애인권리협약 제19조에 따르면 '모든 장애인은 다른 사람과 동등한 선택을 통하여 지역사회에서 살 수 있는 권리'가 있다.[6]

비장애인의 다름과 다양성을 인정하자는 목소리는 장애인의 다름

5 김도현, 「[탈시설 팩트체크] 자기결정권은 탈시설의 전제가 아니라 목표다」, 『비마이너』, 2022. 5. 24. (https://www.beminor.com/news/articleView. html?idxno=2340)
6 정다혜, 앞의 글.

과 다양성에도 적용되어야 한다. 누구나 자신의 삶을 스스로 선택할 권리가 있다. 내가 누구와 살 것인지, 어디에서 살 것인지, 무엇을 먹고 살 것인지, 어떤 형태로 살 것인지의 선택이 축적되어 나라는 사람의 정체성이 구성된다. 그러니 장애로 누군가를 과대 대표하는 일은 직업이나 성별로 누군가를 과대 대표하는 일만큼이나 어리석다. '보통이 아닌 몸'[7]들이 함께 살아가기 위해, 내가 서 있는 자리를 바라보고 다른 이들의 자리를 상상하고 마침내 그들 가까이 이동해야 한다.

---

7 로즈메리 갈런드 톰슨, 손홍일 옮김, 『보통이 아닌 몸: 미국 문화에서 장애는 어떻게 재현되었는가』, 그린비, 2015, 5~6쪽. '보통이 아닌 몸'은 'extraordinary body'의 번역어로 비장애인을 지칭하는 ordinary의 반대 개념이되 un-ordinary가 아닌 extraordinary를 사용해 extra의 긍정적인 함축성을 강조하고, "장애를 지닌 몸을 새로운 방법으로 보는 것"이라는 저자의 생각을 고려하여 번역자 손홍일이 제안한 개념이다.

제2부

유리창:
다양성과 연결을 생각하다

6장

모두를 끌어안는, 이상적 공동체에 대한 소망

- 드라마 <우리들의 블루스>(tvN, 2022)

문선영

가깝고도 먼, 우리들 사이

억척스럽게 가족을 부양하며 살아온 은희(이정은 분), 바닷가 근처 거주 공간으로 개조한 버스에서 생활하는 청년 선장 정준(김우빈 분)은 어스름한 이른 새벽 하루를 시작한다. 두 사람이 찾은 곳은 제주도 새벽 경매 시장, 팔딱거리는 생선, 조용한 새벽을 깨우는 경매꾼의 소리와 함께 카메라는 배를 타고 나가 바다 한가운데서 하루를 시작한 해녀들의 물질 장면으로 이어진다. 드라마 〈우리들의 블루스〉의 오프닝은 생기 넘치는 삶의 현장을 압축적으로 보여주며 펼쳐진다. 얼음 배달하는 호식(최영준 분), 아침 순대국을 파는 인권(박지환 분), 새벽 경매에서 떼 온 생선을 파는 '은희 수산' 사람들, 일찍부터 시장 한구석에 자리 잡고 나물 장사를 시작한 옥동(김혜자 분), 춘희(고두심 분) 할머니 등 〈우리들의 블루스〉는 다양한 사람들의 살아가는 모습과 사건을 집약적으로 그려내기 위해 제주도 바다와 시장을 주요 공간으로 삼았다. 육지가 아닌 섬, 대형 마켓이 아닌 시장이 이야기의 공간이 되는 이 드라마의 전제는 애초부터 대도시가 아닌 지역, 개인이 아닌 공동체에 있다. 제주도 푸릉 마을이 중심 배경인 〈우리들의 블루스〉는 총 14명의 주요 인물들의 다양한 삶을 에피소드 형식으로 그리며, 각 인물의 얽힌 관계 안에서 발생하는 크고 작은 사건과 갈등을 풀어가는 방식을 택하고 있다.

풋풋했던 학창시절의 추억을 간직하고 있는 친구 사이(한수와 은희), 17살 고등학생 커플(영주와 현), 유년기 아픈 상처의 기억을 공유하고 있는 연인(동석과 선아), 한때 죽고 못 사는 선후배였지만 앙숙처럼 물고 뜯는 관계(호식과 인권), 늘 의리를 외치지만 사실은 불편함을 숨겨왔던 가까운 사이(미란과 은희), 서로에게 첫눈에 반했지만 비밀을 숨긴 채, 거리를 두는 연인(영옥과 정준), 가족 중 하나 남은 귀한 막내아들의 생사를 알지 못한 채, 어린 손녀와 짧은 동거를 하게 된 할머니(춘희와 은기), 평생을 과거 기억에 얽매여 함께 하지 못했던 어머니와 아들(옥동과 동석) 등 드라마 〈우리들의 블루스〉의 에피소드는 두 사람의 이름을 묶어 부제로 삼고 있다. 드라마는 에피소드 제목에서 드러난 인물의 관계와 이야기를 중심으로 펼쳐진다. 매회 가족, 친구, 연인 등의 관계로 설정된 두 인물의 갈등을 중심으로 구성된다. 각 에피소드의 관계 설정에서도 알 수 있듯이 그들은 가까운 사이지만 서로에 대해 잘 알지 못한, 또는 너무 잘 안다고 생각해서 멀어진 관계이기도 하다. 〈우리들의 블루스〉는 우리 삶에서 가장 기본이 되는 관계에서 일어나는 일상적이고 솔직한 모습을 사실적으로 재현한다.

〈우리들의 블루스〉 스틸컷 ⓒ 〈우리들의 블루스〉tvN 공식홈페이지

　가까운 상대에게 솔직한 마음을 쉽게 털어놓을 수 없었던 에피소드 '미란과 은희'는 긴 시간을 함께 보낸 오래된 친구 사이에서 발생할 수 있는 복잡 미묘한 감정에 대한 이야기이다. 어릴 적부터 부유한 집안에서 성장한 미란은 가난한 은희에게 힘이 되어준 고마운 친구다. 하지만 은희는 사람들에게 늘 주목받는 미란과 비교되며 '미란이 하녀', '미란이 꼬붕'으로 불렸던 상처가 있다. 성인이 되어서도 서울 중심가에서 유명 마사지숍을 운영하며, 세 번의 결혼과 이혼을 반복한 미란이 제주도에 내려오는 날은 "모두가 활기를 찾는 날"이다. "남자 동창생들은 첫사랑이 온 듯 설레고 춘희 할머니는 죽은 첫째 아들이 좋아했다는 이유로 며느리처럼 안쓰러워하고, 옥동할머니는 죽은 딸 동이 생각이 나서인지 친정 찾는 딸처럼" 생각한다. 자신을 가장 좋아하고 살뜰히 챙기는 의리 좋은 미란이기도 하지만, 은희의 감정 한편에는 열등감에서 비롯된 불

편함이 있다. 제주도에 온 미란에게 '의리'를 부르짖으며 최선을 다하는 은희의 일기장에는 "의리 없는, 자기만 아는 이기적인 미란과 똑같은 사람이 되지 않기 위해 잘 하는 것"이라는 은희의 솔직한 심정이 기록되어 있다. 겉으로는 화려하지만 누구에게도 편할 수 없는, 정붙일 곳 없는 미란의 외로운 마음을 읽지 못했던 은희와 가장 만만하고 편한 친구이기에 상대방이 받은 상처를 생각하지 못했던 미란의 관계는 가까운 사이였지만 솔직하지 못했다.

은희와 미란이 여성 동기간의 복잡 미묘한 관계를 풀어갔다면, 호식과 인권은 남성 동기 간, 분노와 애증의 관계를 설정하고 있다. 끈끈한 선후배 사이였던 인권과 호식은 마주치기만 하면 싸우는 앙숙이다. 그들이 서로를 미워하는 것은 절박한 상황에 처한 호식에게 아무 생각 없이 내뱉은 인권의 말 한마디 때문이다. 두 사람은 늘 물어뜯을 것처럼 서로에게 생채기를 내는 관계를 유지하지만, 호식의 딸 영주와 인권의 아들 현이 17세의 어린 부부가 되는 과정을 통해 오랜 시간 동안 말하지 않았던 진심을 이야기하고 오해를 풀어간다. 〈우리들의 블루스〉는 은희와 미란이 서로의 속 깊은 감정을 털어놓고 진솔한 관계로 한 걸음 나아가는 것도, 인권과 호식이 애증을 넘어 자식을 기르는 아버지라는 동일한 입장에 공감하며 화해하는 것도 두 사람만의 문제나 해결로만 그리지 않는다.

〈우리들의 블루스〉의 주요 배경 공간인 제주도라는 섬, 푸릉 마을이라는 작은 지역이 가지는 특성은 개인이 아닌 마을, 공동체의 이야기로 확장된다. 제주도 푸릉 마을은 한 아이가 태어나 성장하기까지 과정을 모든 마을 사람들이 알고 있는, 서로에 대한 정보가 암암리에 공개되는, 비밀이 없는 작은 공동체이다. 누군가의 어머니가 나의 어머니이고, 누군가의 언니, 동생의 일이 나의 가족의 일이 되는, 이 마을은 모든 사람들이 서로에 대해 모르는 것 없는 또는 없어야 하는 곳이다. 그렇기에 〈우리들의 블루스〉의 가족, 친구, 연인의 에피소드에서 다룬 주요 인물의 사건과 갈등은 두 사람만의 이야기일 수 없다. 고등학생 영주(노윤서 분)가 임신을 했을 때도, 출산에 대한 선택과 결정의 과정은 고등학생 커플 영주와 현(배현성 분)의 문제만이 아니다. 영주의 임신 사실은 아버지 호식보다 아버지 친구 은희가 먼저 알게 된다. 영주와 현이 대학입시를 미루고 아이를 선택하는 과정 역시 직접적 보호자인 아버지 호식, 인권 이외에 온 마을 사람들이 공유한다. 서울에서 은행 지점장으로 근무하다 제주도로 전근 신청해 내려온 한수(차승원 분)가 불순한 의도로 은희에게 접근한 것을 알아차린 것도 동창생 호식, 인권을 비롯한 '은희 수산' 동료들이 먼저였다. 그들은 한수가 프로 골프 선수를 꿈꾸며 유학 중인 딸 뒷바라지 자금을 마련하기 위해 첫사랑의 추억으로 자신에게 설레는 은희를 이용하려고 한 사실을 먼저 알아낸다. 은희가 한수의 진심을 알아차리기 전에 발 빠른 마을 친구들에 의해 한수의 정보들이 수집되고 공유되면서 은희에게 전달된다. 학업과 출산에 대한 결정이나 누군가의 마음이 드러나는 사적인 감정마저 숨길 수 없이 공유되는 곳이 〈우리들의 블루스〉의 푸릉 마을이다. 이 점은 사실 불편하고 불쾌한 일이 될 수 있다. 가깝다고 모든 것을 알아야 하는 것은 아니고, 모든 것을 다 안다고 해서 함께 나눠야 하는 것도 아니기 때문이다. 한수에게 알면서도 속고 싶었을 수도 있을, 은희의 설렘은 타인이 알게 된 순간 수치스러운 기억이 될 수 있다. 미성년자이지만 온 마을 사람들이 한 아이의 부모가 될 자신들의 미래를 걱정하는 것은 부담이 될 수밖에 없다. 여기서 그치지 않고 〈우리들의 블루스〉는 타인의 과거 상처를 치유하는 과정도 쉽게 개입하는 공동체의 모습을 재현한다. 유년 시절 엄마 옥동에게 받은 상처로 오랫동안 비뚤어진 삶을 살아온 동석(이병헌 분)에게 말기 암 판정을 받은 옥동과의 화해를 요청하는 주변 인물들의 태도는 옥동, 동석 모자를 안타깝게 여기는 마음을 포함하고 있어도 선을 넘는 행동이다(물론 이후 서사에서 이들의 충고는 동석에게 후회를 남기지 않는 좋은 결과로 이어진다). 드라마 〈우리들의 블루스〉에서 개인적인 관계에서 일어나는 갈등은 그들만의 이야기에 그치는 것이 아니라 마을 공동체에서 함께 공유하고 고민하게 되는 주제가 된다.

아픔의 공유와 화해

〈우리들의 블루스〉에서 재현하고 있는 제주도 푸릉 마을은 서로에 대해 잘 알고 있기에 오히려 위안이 되는 공동체이기도 하다. 푸릉 마을은 사회적으로 소외된 자들을 수용하고 포용할 수 있는 따듯한 곳으로 형상화된다. 우울증에 걸려 이혼한 선아(신민아 분), 장애인 쌍둥이 언니를 피해 평생을 도망 다닌 죄책감 많은 영옥(한지민 분), 영옥의 언니 다운증후군 영희(정은혜 분), 청각 장애인 별이(이소별 분), 평생 첩살이 한다고 손가락질 받은 옥동 할머니, 바다에서 목숨을 잃은 남편과 두 아들의 죽음이 억센 자신의 팔자 때문이라고 여기는 춘희 할머니, 17살의 고등학생 신분으로 아이를 갖고 부부가 된 영주와 현이, 젊은 시절 험난한 시기를 보내고 아내마저 도망간 두 중년 남성 호식, 인권 등 〈우리들의 블루스〉에는 쉽지 않은 삶을 견뎌낸, 견디고 있는 다양한 인물들의 삶을 그리고 있다.

다운증후군 쌍둥이 언니의 존재를 숨긴 채, 제주도에 정착하기 위해 안간힘을 쓰는 영옥은 드라마 초반부까지는 푸릉 마을 해녀들이 배제하는 외지인이다. 개인의 정보가 투명하게 공개되는 작은 마을에서 자신의 이야기를 하지 않는 영옥은 긍정적으로 수용되지 않는다. 낮에는 해녀로, 저녁에는 카페 사장으로 일하는 영옥에게 확인 불가능한 소문만 넘쳐난다. 매력적인 외모 덕분에 따라다니는 그녀에 대한 소문은 주로 '남자'와 '거짓말'에 대한 것이다. "여러 명의 남자가 있다느니, 숨겨놓은 자식이 있다더라"나 "말하는 것은 모두 거짓말이다" 등의 사실과 관계없는 수치스러운 소문들이 무성해도 영옥이 사실 여부를 정확히 밝히지 않는 것은 장애인 언니의 존재를 감추기 위해서다. '사기꾼', '헤픈 여자'라고 불리는 수모를 당하면서도 언니 영희를 숨기고 싶은 영옥

〈우리들의 블루스〉 스틸컷 © 〈우리들의 블루스〉tvN 공식홈페이지

의 행동은 장애인을 가족으로 둔 그녀의 고된 시간들을 말해준다. 타인으로부터 자신과 언니 영희를 보호하기 위한 자기방어적 태도를 보이는 영옥의 행동은 장애인에 대한 우리 사회의 일면을 볼 수 있는 에피소드 중 하나이다.

〈우리들의 블루스〉는 장애인이나 장애인 가족을 단편적인 소재로 활용하는 것이 아닌, 여러 회에 걸쳐 에피소드로 구성하여 주요 이야기로 다룬다. 장애인을 기존 드라마에서 소비했었던 방식에서 벗어나 다운증후군, 청각장애인 배우가 주요 역할을 연기하며 자신들의 이야기를 주도한다. 영옥이 헛소문에서 벗어나 솔직한 자신을 타인에게 보여줄 용기를 갖게 된 것은 언니 영희로부터 시작된다. 유일한 가족이자 언니의 보호자인 영옥은 되도록 영희와 마주치지 않기 위해 여러 지역을 떠돌며 생활했고, 마지막 도피처로 제주도 푸릉 마을에 왔다. 긴 시간 동생을 만나지 못한 영희가 제주도로 직접 영옥을 찾아오면서, 영옥의 비밀은 마을 사람들에게 공개된다. 또한 영옥은 꽁꽁 숨겨 두었던 자신의 상처로부터 회복될 수 있는 길을 열게 된다. 드라마에서 영옥을 괴롭혔던 가족사, 언니에 대한 죄책감이 치유되는 과정은 푸릉 마을 사람들에 의해서이다. 이제 막 사랑을 시작한 정준과의 사랑이 언니 영희의 존재로 인해 깨질까봐 두려워하는 영옥에게 정준은 솔직한 심정을 말하고, 영희와 익숙해질 수 있는 방법을 찾는다.

　　"내가 영희 누나보고 놀랬어. 근데 나는 그럴 수 있죠.

　다운증후군을 처음 보는데, 놀랄 수 있죠. 그게 잘못됐다면 미안해요.

　그런 장애가 있는 사람을 볼 때 어떻게 해야 하는지 학교, 집 어디서도

배운 데가 없어요. 이런 상황에서 내가 어떻게 해야 하는지 몰랐어요.
다시는 그런 일 없어요. "[1]

몰랐던 것을 인정하고 미안하다고 말하는 것으로부터 새로운 관계
가 시작될 수 있다. 푸릉 마을 해녀들, 은희 수산 동료들은 영희를 있는
그대로 받아들이고 영희는 사람들 사이에서 자연스럽게 자신을 드러낸
다. 푸릉 마을에서 영희는 장애인이라서 보호받아야 할 존재가 아니라,
술 한 잔 나누며 외모나 연애 등 일상을 공유하는 새로운 친구가 된다.
존재 자체를 인정받은 영희는 아무에게도 보여주지 않았던 자신의 그림
을 공개한다. 누군가 그리울 때마다 그렸던 영희의 그림에는 동생 영옥
을 향한 진심이 담겨 있다. 영희의 그림은 가까운 가족조차 몰라주었던
그녀의 정체성을 밝히는 도구이며 영옥이 상처로부터 벗어나 언니 영희
와 진정으로 소통할 수 있는 길이 된다.

〈우리들의 블루스〉는 오랜 시간 축적된 타인의 상처를 온전히 이해
하거나 해결해줄 수 없지만, 누군가의 아픔에 대해 관심을 가지고 이해
하려는 과정들을 보여준다. 남편과 자식을 일찍 떠나보낸 사실을 자신
의 억센 팔자 탓으로 돌리며 깊은 슬픔을 안고 살아온 춘희 할머니의 마
지막 희망은 유일하게 살아남은 막내아들 만수(김정환 분)이다. 막내아
들은 그녀의 불행한 시간들을 잊을 수 있는 삶의 이유이다. 교통사고로
의식불명이 된 만수 소식은 춘희 할머니에게 생을 이어갈 의미를 잃어
버리는 순간이다. 중환자실에 입원한 아들 치료와 생계유지 때문에 아

1 〈우리들의 블루스〉(tvN, 14화)

이를 돌볼 수 없는 며느리 해선(민지아 분)을 위해 춘희 할머니는 손녀 은기(기소유 분)를 떠안는다. 도시에서 홀로 고생할 며느리와 손녀 은기를 위해 춘희 할머니는 자신의 마지막 희망이었던 아들을 떠나보낼 선택을 한다. '팔자 사나운 년'이라며 울부짖는 춘희 할머니의 아픔은 쉽게 이해되거나 해결될 감정은 아니다. 하지만 드라마에서 푸릉 마을 사람들의 간절한 바람이 담긴 행동은 춘희 할머니의 아픔을 이해하려는 진심을 말해준다. 아빠 만수가 은기에게 들려준 "백 개의 달이 뜨면 소원이 이루어진다"는 말도 안 되는 이야기를 믿는 은기의 마지막 소원을 들어주기 위해, 마을 사람들은 비바람 속에서도 밤바다에 배를 띄우고 불을 밝힌다. 춘희 할머니와 은기가 언덕 위에서 마치 수많은 달이 뜬 것 같은 아름다운 밤바다를 바라보는 장면은 사실적 묘사가 중심인 이 드라마의 유일한 판타지적 장면이기도 하다. 밤바다에 불을 밝힌다고 해서 춘희의 아들 만수의 삶이 연장되는 것은 아니다. 하지만 춘희 할머니의 아픔을 함께 하고 있다는 마을 사람들의 진심은 춘희 할머니의 아픔을 조금은 위로해줄 수 있을 것이다. 누군가의 아픔을 쉽게 이해할 수 없지만, 그 아픔에 다가가기 위한 움직임은 변화를 줄 수 있다. 어쩌면 기

〈우리들의 블루스〉 스틸컷
© 〈우리들의 블루스〉tvN 공식홈페이지

적이 일어날 수 있다는 소망, 드라마 〈우리들의 블루스〉의 메시지는 소망을 품고 끝을 향해 달려간다.

〈우리들의 블루스〉의 마지막 에피소드는 드라마 초반부터 쉽게 풀리지 않을 갈등 관계로 설정된 옥동과 동석의 이야기이다. 먹고 사는 것이 전부였고, 자식 안 굶기는 일이 자식에게 해줄 수 있는 전부라고 믿었던, 글자도 모르고 세상을 사는 방법도 몰랐던 옥동은 그저 자신이 할 수 있는 일을 바보처럼 지켜왔다. 옥동은 아들 동석을 사랑하지 않는 것이 아니라 어떻게 사랑해야 하는지, 자신의 사랑이 아들에게 상처가 될 수 있다는 사실을 알지 못했다. 평생을 미워하며 옥동을 어머니로도 부르지도 않았던 동석은 말기 암 판정을 받고 살날이 얼마 남지 않은 옥동이 원하는 일을 해준다. 의붓아버지 제사를 위해 목포 가는 길에 동행하며 동석은 어머니 옥동에게 자신에게 "왜 미안하다고 하지 않냐"고 따진다. "한 번도 미안한 적이 없었냐"는 동석의 물음에 옥동은 미안하다고 말할 수 없는 이유를 말한다.

> "미친년이 어떵 미안할 걸 알아. 너 어멍은 미친년이라. 미치지 않고서야
> 저는 바당 들어가깅 무서워 딸년을 물질을 시켜 쳐 죽이고 그래도 살거래
> 아무나 붙어먹고 그저 자식이 세끼 밥만 먹으면 사는 줄 알고 좋은 집에
> 학교만 가면 되는 줄 알고, 멍충이추름 바보추름, 자식이 쳐 맞는걸 보고도
> 멀뚱멀뚱, 개가 물어뜯을 년, 너 죽으면 장례도 치루지 마라.
> 울지도 마라, 그냥 누나, 아방 있는 마당에 던져 불라."[2]

2 〈우리들의 블루스〉(tvN,20화)

무책임한 옥동의 답변이 마음 아프게 들리는 것은, 옥동 할머니가 경험한 삶은 그게 전부였기 때문이다. 옥동은 평생 가난과 싸워야 했고, 태어날 때부터 짊어진 가난은 오로지 살아남기 위해 기본적 욕구만을 충족시켜야 하는 본능으로 학습되었다. 학교 문턱도 넘어본 적 없는 옥동은 평생 글자를 모르고 살아왔고, 자신의 이름과 아들 이름 포함하여 몇 개의 단어를 겨우 읽는 문맹이다. 제주도에서 나고 자랐지만 먹고 사느라 집과 시장 이외에 한라산 백록담도 가본 적 없는 어머니 옥동을 동석은 아프지만 받아들일 수밖에 없다. 동석이 어머니에 대한 분노를 쉽게 삭히고 어머니를 평생 그리워한 자신과 화해하는 장면이 대중들의 공감을 산 이유도 여기에 있다.

그럼에도 불구하고, 살아가야 한다면

〈우리들의 블루스〉 스틸컷
© 〈우리들의 블루스〉tvN 공식홈페이지

드라마 〈우리들의 블루스〉는 "모두의 삶은 고귀하고 행복해야 한다."라는 작가의 메시지를 기획의도에서 밝힌 바 있다. 이 메시지는 드라마 마지막 20화 에필로그에서 자막으로 직접적으로 전달되기도 한다. 〈우리들의 블루스〉는 1회부터 20회까지 사실적인 삶을 진술하게 제시하는 방식을 취했다. 제주도를 배경으로 다양한 인물들의 삶의 이야기와 일상의 재현은 꾸미지 않은 채 투박하게 그려졌다. 하지만 이 드라마에서 전제된 삶을 바라보는 관점이나 전달하고자 하는 메시지는 완벽한 이상적 공동체에 대한 막연한 소망을 담고 있기에 현실적이지 않다. 서로를 보듬고 수용하는 공동체, 각자의 삶을 이해하고 걱정하고 함께 나누는 삶의 방식은 너무나 교과서적이고 이상적이다. 누구나 바라고 있지만 쉽지 않은 현실이기에 소망일 수밖에 없는 이상적 사회는 다소 막연하고 단순한 결말을 제시한 것이 아닐까라는 생각이 들기도 한다. 하지만 그럼에도 불구하고 〈우리들의 블루스〉에 대중들이 몰입하며 치유받는 이유는 우리가 지향해야 할 공동체의 삶을 제시하고 있기 때문일 것이다. 〈우리들의 블루스〉는 우리가 바라는 이상적 관계, 공동체에 대한 소망을 반영하고 있다. 배제와 소외라는 선을 긋고 있는 영역의 공고함에서 절망하는 누군가를 향한 열린 공간은 정상과 비정상의 경계를 넘어 존재 자체가 인정되는 곳이다. 연령, 성별, 사회적 지위 여부를 떠나 차별 없는 공평한 공동체에 대한 소망은 생존 경쟁에 시달리고 있는 대중이 꿈꾸는 소망이다.

고등학생 영주와 현이 부부가 되어, 아이를 출산할 용기를 낸 것은 가족 이외의 다른 이들의 격려와 지지에 의한 것이었다. 다운증후군 영희를 편견 없이 따뜻하게 대해주고, 청각장애인 별이가 당당하게 일하며 살아갈 수 있는 것도, 우울증 선아가 제주도에서는 아이와 함께 할 수 있다는 희망을 갖게 된 것도 드라마의 공동체가 가진 수용의 힘에 의한 것이다. 이는 누군가에 대한 관심과 애정에서 비롯되어 있기에 단순한 간섭이나 개입으로 무례해지지 않는다. 드라마에서 말하는 관계 사이에는 개인이 살아온 삶을 이해하고 존재 자체에 대한 존중의 태도가 포함되어 있다. 물론 여기서 각 개인의 세세한 선택과 행동으로 인한 결과를 모두 인정할 수는 없다. 옥동 할머니의 삶이 어쩔 수 없다하더라도, 어머니로써 아들에게 준 상처까지 미화할 수는 없다. 외지인 영옥에 대한 헛소문을 만들어내며 배제시켰던 해녀들의 강한 공동체 정신은 영옥의 사연을 안쓰럽게 여기는 장면들로 무마되었지만 기억해야 할 부분이다. 하지만 그럼에도 불구하고 우리가 누군가와 삶을 지속해서 살아야 한다면, 드라마 〈우리들의 블루스〉가 말하는 그런 곳이지 않을까.

7장

능력주의 시대,
장애를 넘어선 소통의 아름다움

- <러브 온 더 스펙트럼Love on the Spectrum>을 중심으로

이주라

장애와 사랑

한국의 문화에서 장애인들이 재현되는 경우는 매우 드물다. 그렇기 때문에 장애인의 삶은 우리에게 낯설다. 장애인야학인 노들야학의 교사로 일했던 홍은전은 은유 작가와의 인터뷰에서 이렇게 말한다. "장애인은 장애인을 알 것 같지만 장애인도 장애인을 만나본 적이 없어요. TV에 나오는 장애인은 다 불쌍하거나 아주 뛰어난 사람밖에 나오지 않은 상태에서 장애인은 그냥 이렇게 살다가 죽는구나 생각하고 살던 사람들이 여러 가지 우연이 겹쳐서 노들야학까지 오는 거예요." 은유의 인터뷰집 『크게 그린 사람』(한겨레 출판, 2022)에 실린 이야기다. 장애인의 삶은 사회적으로 고립되어 있기 때문에 장애인 스스로도 다른 장애인을 만날 수 없다. 모든 정상적인 사람들에게 둘러싸여 자신의 장애로 인해 주변 사람들이 힘들어 하는 것을 지켜보며 위축될 수밖에 없다. 혹은 능력주의의 서사로 그려낸 장애인의 성공담을 대중매체로 지켜보면서 자신의 뛰어나지 못함에 또 의기소침해진다. 장애인조차도 장애인을 만나지 못하는 이 고립된 삶 속에서 장애인은 주체성을 잃는다.

하지만 장애인들은 고립된 삶에서 벗어나 사회와 연결되는 순간 자신의 주체성을 빠르게 회복한다. 홍은전은 노들야학에 처음 온 장애인들이 '집에서 주눅 들었던' 태도에서 벗어나서, '자신감을 빠르게 회복'한다고 말한다. 그들은 사회와 만나는 순간 모든 것이 '자기 탓이 아니라는 걸 빠르게 공감'한다. 이렇게 장애인 삶의 회복은 집에서 나와 누군가와 연결되는 것만으로도 쉽게 가능해진다. 또한 장애인이 거리를 손쉽게 자주 다닐 수 있어야 우리는 장애인의 삶에 관심을 기울이게 된다. 더나아가 장애인들의 해방적인 경험을 돕고 그들의 삶을 이 사회의 당연한 일부분으로 만들기 위해서는 대중문화 속에서 장애인의 삶을 재현하는 방식을 바꿔야 한다.

한국 영화나 드라마에서 그려내는 장애인의 삶은 참 희한하게도 자폐 스펙트럼에 속한 사람들의 모습을 많이 조명했다. 대중적으로 널리 알려진 작품 중에서는 〈말아톤〉(정윤철, 2005)과 같은 영화나 〈굿닥터〉(2013)와 같은 드라마 그리고 최근 ENA와 넷플릭스에서 동시 방영되는 〈이상한 변호사 우영우〉(2022)가 있다. 여기에 나오는 주인공들은 서번트 증후군 혹은 아스퍼거 증후군이거나 고기능성 자폐로 자폐 스펙트럼에 속하는 인물들이다. 한국 대중문화에서 자폐 스펙트럼을 가진 사람들을 유독 주인공으로 내세우는 이유는 뭘까. 일단 자폐 스펙트럼인 사람들은 종종 겉으로는 멀쩡해 보일 수 있다. 스펙트럼에 따라 개개인의 발현 양상은 다르지만 상대적으로 행동의 제약이 덜 한 경우들이 있다는 말이다. 그리고 종종 뛰어난 지적 능력을 가지기도 했다. 고기능 자폐인 사람들은 자신이 집중하고 있는 분야에 대한 매우 뛰어난 능력을 보여준다. 그래서인지 한국 대중문화에 그려진 자폐 스펙트럼 주인공들은 일반인도 해내지 못하는 성취를 보여주는 매우 뛰어난 사람들이다. 마라톤 완주자, 의사, 그리고 변호사와 같이 일반인이 동경하는 성취를 이룬 인물들이다. 결국 한국 대중문화에서 장애인을 그려내는 방식은 노들야학의 교사였던 홍은전이 말한 대로 불쌍하지 않으면 '뛰어난' 사람들만 보여줬던 것이다.

한국 사회의 능력주의 이데올로기는 장애인의 삶까지 장악하고 있다. 장애인의 삶을 그려낼 때도 다른 사람보다 뛰어난 자신의 능력으로 자신의 장애를 극복해 나가는 이야기가 압도하고 있는 것이다. 이런 능력주의 사회에서 가장 멋지게 재현할 수 있는 인물이 바로 고기능 자폐 스펙트럼인 사람들이다. 공감 능력이 떨어져 사회적 관계 맺기에는 어려움이 있지만 지적 능력이 뛰어나 천재와 같아 보이기 때문이다. 능력만 뛰어나면 감정 소통에 어려움이 있어도 큰 문제가 없다. 한국 대중문화는 자폐 스펙트럼의 문제를 판타지로 구현해 내고 있다. 그러나 이런 식의 재현은 장애의 진짜 문제를 왜곡시키는 방식일 뿐이다. 장애의 본질을 있는 그대로 구현하는 시선이 필요한 시점이다.

〈러브 온 더 스펙트럼〉 포스터 ⓒ 넷플릭스

〈러브 온 더 스펙트럼Love on the Spectrum〉은 자폐 스펙트럼을 가진 사람들의 연애와 결혼을 조명한 리얼리티쇼이다. 호주의 제작사인 노던픽처스(nothern pictures)가 만들었으며, 2019년에 ABC에서 방영된 이후 2020년 7월에 넷플릭스에 소개되었다. 이 작품은 비평가들의 호평을 받으며 시즌2까지 제작되었다. 시즌2는 2021년 5월에 넷플릭스에 올라왔다. 그리고 얼마 안 있어 2022년 5월 18일에는 미국판 〈러브 온 더 스펙트럼 U.S.〉도 넷플릭스를 통해 소개되었다.

자폐 스펙트럼은 관계 맺기에 어려움을 겪는 신경 발달 장애의 한 범주다. 고기능 자폐 장애인 경우에는 지적인 능력이 매우 뛰어나서 학습에서의 성취가 두드러질 수도 있지만, 기본적으로 타인에 대한 관심, 상대의 감정을 파악하는 능력, 이를 바탕으로 사람들과 소통하고 교류하는 것에 어려움을 느낀다. 즉, 자폐 스펙트럼을 가진 사람들은 타인을 만나고 사귀고 그 관계를 지속해 내는 것이 어렵다.

애초에 타인과의 관계 맺기에 어려움이 있는 사람들이, 관계 맺기의 최고 난도라 할 수 있는 사랑의 관계 맺기, 즉 연애를 할 수 있을까. 〈러브 온 더 스펙트럼〉은 자폐 스펙트럼을 가진 사람들이 하는 연애란 우리가 상상하는 그 이상의 노력을 들여야 하는 과정임을 보여준다.

그러나 이 과정을 지켜보고 있다 보면, 자폐 스펙트럼에 속한 사람들의 경험이 우리와 크게 다르지 않은 것임을 깨닫게 된다. 그들이 겪는 연애와 데이트의 혼란스러운 과정은 우리가 겪는 그 경험과 명백하게 동일한 것이다. 자폐 스펙트럼인 사람들의 사랑 찾기가 그렇지 않은 사람들과 유사하다는 말은, 단순히 우리가 보편적 인간이다, 라는 의미를 내포하지는 않는다. 그렇게 추상적으로 자폐 스펙트럼에 속한 사람들의 특성을, 그렇지 않은 사람들의 특성과 손쉽게 동일화할 수는 없다. 그들은 명백히 신경 기능 및 발달에 있어서 차이를 가지고 있기 때문이다. 그럼에도 그들의 모습을 통해 우리를 반추하게 되는 이유는 무엇일까. 자폐 스펙트럼에 속한 사람들이 겪는 감정 소통의 어려움이 어느새 우리 사회의 보편적인 문제가 되었기 때문은 아닐까.

감정 배제의 오만함과 감정 교류의 필요성

신경 발달에 '기능적' 이상이 없어서, 사람들과의 관계 속에서 타인의 감정을 읽어내는 데에 큰 어려움이 없을 것이라고 예상되는 대다수의 사람들은, 자연스럽게 감정 소통의 방법을 배우는 것으로 알려져 있다. 부모님으로 대표되는 주된 양육자와 애착 관계를 형성하고, 주변의 또래들과 상호 교류하면서, 주변 분위기 파악, 상대의 감정 읽기, 나를 넘어선 너에 대한 배려 등을 익히게 되는 것이다.

그런데 어느 순간 우리의 성장 과정 속에서 이러한 감정 소통의 중요도가 사라지고 있는 것 같다. 소통보다는 성취가 중심이 된 우리 사회 속에서 사람들은 자신의 감정을 이해하고 표현하는 일에 어려움을 겪고 있으며, 이로 인해 타인의 감정을 읽어내지 못하고 있다. 타인의 감정을 파악하지 못하니, 타인과의 관계 맺기에서 때와 상황에 맞는 적절한 관계 진전을 해 나갈 수 없는 것이다. 어느 순간은 나의 감정이 너무 앞서서 상대를 당황하게 하고, 어느 순간은 나의 감정을 너무 자제하는 바람에 기다리는 상대를 지치게 만든다. 혹은 나의 표현법이 의도치 않게 상대에게 공격적으로 다가가기도 해서 상대를 두렵게 만들기도 한다.

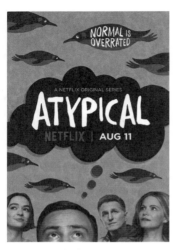

〈별나도 괜찮아〉 포스터 ⓒ 넷플릭스

넷플릭스 시리즈인 〈별나도 괜찮아 Atypical〉(2017~2021)에서도 비장애인이 오히려 감정 소통에 문제를 가진 자폐 스펙트럼 주인공보다 더 소통에 어려움을 겪는 이야기가 나온다. 이 시리즈는 고기능성 자폐인 18살 소년 샘 가드너의 성장담을 담고 있다. 샘은 사춘기를 겪으면서 점점 사랑에 관심을 가지게 된다. 그리고 상담사의 권유로 연애를 시도해 본다. 상대의 감정을 읽어내지 못하는 샘에게 연애는 최고 난도의 미션이었다. 하지만 샘의 뛰어난 두뇌에 반한 페이지와 일종의 연애 연습을 하면서 샘은 사랑과 연애를 익혀 나간다.

샘과 페이지의 연애는 자폐인 샘에게도 어려운 과정이지만 자폐가 없는 페이지에게도 마찬가지다. 페이지는 가고자 하는 대학이 명확하여 삶의 목적이 뚜렷하고 그 목표를 위해서 열성적으로 노력하는 타입이지만, 자기 스스로에 대한 불확신과 불안 때문에 과도하게 자신을 괜찮은 척 포장을 하며 살아가는 인물이다. 그는 자신의 감정을 자제하지 못하고 사회적으로 점점 고립된다. 페이지는 원하는 대학에 가지만 거기에서 왕따가 되어 온라인으로 만나는 샘과 그의 친구들에게 집착한다. 페이지는 자신의 어려움을 숨기고 계속 괜찮은 척을 한다. 대학에서 매우 잘 생활하는 척하는 것이다. 그렇게 자신의 문제를 드러내려 하지 않으려 애쓰다가 결국 페이지의 삶은 폭발한다. 페이지의 감정적 불안과 그로 인한 과잉 행동은 사회적 관계 맺기를 어렵게 만든다. 자폐인 샘보다 자폐가 없는 페이지가 더욱 친구가 없다.

물론 〈별나도 괜찮아〉에서는 샘과 페이지가 서로 성장하는 내용을 다루며 해피엔딩으로 끝나지만, 현실에서 이러한 해피엔딩은 어렵다. 현실에서 우리는 감정 소통의 어려움을 겪으면서 점점 감정 소통을 포기한다. 서로의 감정적 부딪힘 속에서 상대는 물론 나 또한 상처를 받으며 점점 감정을 표현하고 읽어내는 일을 포기하게 된다. 우정과 사랑이라는 친밀한 관계에만 접근하지만 않는다면, 공적인 공간에서 맺는 사회적 관계는 그리 어렵지 않다. 인맥 관리의 매뉴얼을 하나에서 열까지 코칭해 주는 자기계발서의 지침을 따르기만 해도 기본은 지킬 수 있기 때문이다. 이렇게 소위 '정상'이라 지칭하는 사람들은, 즉 신경 발달에 기능적 이상이 없는 사람들은, 겉으로 사람을 '나이스'하게 대하는 법을 가르쳐주는 자기계발서에 의존하면서, 자신의 진짜 마음과 감정을 들여다보고 읽어내는 법을 소홀히 한다. 그렇게 점점 감정 소통의 능력이 사라지게 된다.

하지만 자폐 스펙트럼을 가진 사람들은 처음부터 자신이 감정 소통에 문제가 있다는 상황을 알기 때문에, 감정 소통의 방법을 차근차근 배운다. 〈러브 온 더 스펙트럼〉에는 사랑을 찾고 싶어 하는 주인공들을 도와주기 위해서 조디라는, 자폐인을 위한 연애 코칭 전문가가 나온다. 그녀는 주인공들과 만나 데이트에서 상대방을 만났을 때 처음부터 끝까지 무엇을 어떻게 해야 하는지 알려준다. 그 코칭의 장면을 보다 보면, 어쩌면 아주 기본적인 내용이라서, 우리에게는 상식과 같은 내용이라서, 너무 쉬워서 살짝 유치하게 여겨지기도 한다. 그러면서도 갑자기 저런 상식을 나는 과연 자연스럽게 실천하고 있는 것일까, 라는 놀라운 의문이 드는 순간들이 생기는 것이다. 코칭이 진행되는 과정에서 선생님이 주인공들에게 반복해서 확인하는 가장 중요한 내용은 항상 상대의 눈을 쳐다보라는 것, 그리고 상대방의 의견을 묻고, 상대의 상태가 어떤지 물어보라는 것이다. 그렇다고 남에게 모든 것을 맞추라는 이야기는 아니다. 연애의 기본은 내가 좋아하는 것을 상대가 같이 공유할 수 있는지를 확인하는 것이라는 점을 잊지 않는다.

이 기본적 소통의 기법을 들으면서 이런 의문이 든다. 나는 과연 내가 무엇을 좋아하는지 잘 아는가, 즉 내가 어떤 사람과 함께 하면 편안해지는지 잘 파악하고 있는가. 아니다. 어쩌면 나는 상대의 외모, 직업, 문화적 취향에 대한 선호도 등에 대한 조건 목록 리스트는 가지고 있을지 몰라도, 상대가 어떤 품성, 성격, 특징을 가진 사람이어야 하는지에 대해

〈금쪽같은 내 새끼〉 포스터 ⓒ 채널A

서는 아무것도 파악이 되지 않고 있는 상황인지도 모른다. 또한 나는 관계 맺기의 과정에서 상대방을 바라봐 주고, 상대의 상태를 물어봐 주는가. 언제나 나 혼자 짐작하고 추측한 대로 상대의 마음을 해석해 버린 후 나만의 판단으로 상대방에게 화를 내거나 열받아 하는 경우가 더 많은 것 같다.

〈러브 온 더 스펙트럼〉을 보다 보면, 기능적 문제가 없는 우리가 감정 소통에 대한 배움에 소홀한 나머지, 오히려 우리의 감정 소통 능력을 제대로 발달시키지 못한 것은 아닌가, 하는 생각을 해 보게 된다. 그리고 〈금쪽같은 내 새끼〉나 〈금쪽 상담소〉와 같이 '금쪽 시리즈'를 통해 이 시대의 아이콘으로 떠오른 오은영 박사에 대한 열광이 한 놀라운 개인에 대한 팬덤만은 아니라는 생각이 들게 된다. 감정 표현과 분석과 소통에 어려움을 겪는 수많은 사람들이 진짜 상담소에는 가지 못하더라도 TV 프로그램과 유튜브를 나홀로 시청하면서 자기 분석을 해내는 이 현상은 현재 우리 사회가 지적 능력의 성취를 경제적 부로 전환시키는 능력주의에 집중하는 과정에서 무엇을 놓치고 있는지를 보여준다.

아름다움은 완벽함이 아니다

개인적으로 〈러브 온 더 스펙트럼〉의 가장 아름다웠던 장면은 시즌 2의 3화에 나왔던 로넌과 케이티의 데이트 장면이었다. 로넌은 케이티에게 무엇을 좋아하는지 묻는다. 케이티는 춤을 좋아한다고 대답한다. 로넌은 자신도 춤을 좋아한다고 말한다. 사실 자폐 스펙트럼에 익숙지 않은 시선으로 이들의 대화 상황을 보면, 그들의 표정 변화가 크지 않아

로넌과 케이티의 춤 ⓒ 넷플릭스

서, 정말 이 두 명이 춤을 좋아하는 것인지, 그냥 말만 그렇게 하는 것인
지 잘 파악이 안 된다. 그런데 데이트를 마치고 나오는 길에 바닷가 옆
작은 광장에서 누군가 버스킹을 하며 음악 연주를 하고 있다. 그 음악을
듣고 케이티는 로넌에게 춤을 추자고 권한다. 조심스럽게 이들이 춤을
추기 시작한다. 이 또한 그리 멋진 춤은 아니다. 그저 팔과 다리는 자유
롭게 움직이는 정도에 지나지 않는다. 나쁘게 말하면 엉거주춤한 움직
임이라 아름답지 않다. 그러나 어느 순간 그들은 상대의 동작에 자신을
맞춰 가며 같은 춤을 춘다. 그리고 웃는다. 두 사람의 웃음은 이 세상에
서 가장 아름답다. 자폐 스펙트럼을 가진 사람들의 불완전함이 오히려
더 큰 아름다움을 만들어 내는 순간이다. 능력 중심주의의 사회에서 우
리는 어느새 사랑도 스펙이라 여겨, 상대의 외모와 조건과 능력을 내가
성취한 성과의 정도에 완벽하게 맞추려고 한다. 그렇게 점점 완벽함만
을 추구하게 된다. 연애를 하기 위해서는 나도 완벽해야 하고, 내가 어느
정도의 노력을 들여 좋은 조건을 갖춘 이상, 상대도 그 정도에 맞는 완벽
함을 가져야 한다고 생각한다. 그러나 사랑은 완벽함이 아님을, 자신의

부족함을 알고, 그것을 솔직하게 인정하고, 상대도 부족할 것이라는 점을 받아들이고, 그렇게 서로의 부족함을 함께 하는 것임을 〈러브 온 더 스펙트럼〉을 통해 깨닫게 된다.

8장

백탑청연, 백탑 아래 맑은 우정 이야기

김정희

"덕이 있는 사람은 외롭지 않고, 반드시 이웃이 있다."

– 덕불고 필유린(德不孤, 必有隣) 논어, 이인

우리는 어떻게 친구가 되는 것일까?

코로나 상황이 이어지며 만나지 못한 지 이 년 반이 되어 버린 친구들이 있다. 물론 서로의 근황에 관해서는 전화로 문자로 혹은 Social Media를 통해 언제든지 알 수 있기는 하다. 만나지 않으면 더 이상 친구가 아닌 걸까?

친구의 사전적 의미는 '가깝게 오래 사귄 사람'이다. 친구의 순우리말인 '벗'은 비슷한 또래로 서로 친하게 사귀는 사람을 뜻한다. 즉, 친구는 공간과 시간을 공유한다는 의미이다. 아주 오랜만에 만난다고 해도 어린 시절의 친구가 어색하지 않은 이유는 함께했던 공간과 시간 때문이다. 지금은 존재하지 않는 공간과 시간에 대한 기억.

　　　　"술래잡기, 고무줄놀이, 말뚝박기,

　　　망까기, 말타기 놀다 보면 하루는 너무나 짧아.

　　아침에 눈 뜨면 마을 앞 공터에 모여 매일 만나는 그 친구들

　　비싸고 멋진 장난감 하나 없어도 하루 종일 재미있었어.

　　좁은 골목길 나지막한 뒷산 언덕도 매일 새로운 그 놀이터

　　개울에 빠져 하나뿐인 옷을 버려도 깔깔대며 서로 웃었지."

　자전거 탄 풍경의 '보물'이란 노래다. 요즘 아이들은 무엇을 하며 놀
까? 놀면서 친구가 되었던 어른들은 칸막이가 쳐진 교실에서 마스크를

탑동계회도

쓴 채 시간을 보낸 아이들이 어떻게 친구를 사귈지 궁금하다. 도대체 친구를 사귈 수는 있을까? 어른들은 걱정이 많다. 하지만 아이들은 회복이 빠르다. 아이들은 COVID-19에 대한 그들만의 기억을 공유하며 친구가 될 것이다.

18세기 한양의 한복판, 백탑 아래의 벗들

최초의 근대식 공원으로 알려진 탑골 공원 안에 원각사 십 층 석탑이 있다. 18세기 한양의 한복판에 우뚝 서 있던 원각사 십층석탑은 대리석으로 만들어서 멀리서 보면 흰빛이었기 때문에 백탑이라고 했다. 이 탑을 기준으로 동쪽을 탑골(탑이 있는 동네), 서쪽을 대사동이라 불렀다. 이 주변에 살면서 우정을 쌓은 사람들이 있었다. 이들은 홍대용(1731~1783), 서상수 (1735~1793), 박지원(1737~1805), 이덕무(1741~1793), 유금(1741~1788), 백동수(1743~1816), 이희경(1745~1805), 윤가기(1747~1802), 유득공(1748~1807), 박제가(1750~1805), 이서구(1754~1825)를 비롯해 연암 박지원의 벗이었던 정철조(1730~1781)등이 있지만 이 구성원이 언제나 확정적인 것은 아니었다.

유득공은 1757년 백탑이 있는 경행방으로 이사를 했다. 이서구는 외가에 살다가 1765년 백탑 아래 본가로 돌아왔고, 이덕무는 1766년 백탑 동쪽 관인방 대사동으로 옮겼다. 박지원은 1768년 백탑 인근으로 이사했다가 다시 전의감동(종로구 견지동)으로 집을 옮겼다고 한다.

박제가는 이와 관련하여 「백탑청연집」 서문에 다음과 같은 글을 남겼다. "빙 둘러 있는 성 한가운데에 백탑이 있다. 멀리서 삐죽 솟은 것을 보면 마치 설죽(雪竹)의 새순이 나온 듯하다. 여기가 바로 원각사의 옛터다. 지난 무자년(1768)과 기축년(1769) 사이에 내 나이는 열여덟, 열아홉이었다. 미중 박지원 선생이 문장에 뛰어나 당대에 으뜸이란 말을 듣고, 마침내 백탑의 북쪽으로 가서 찾아뵈었다. (중략) 그 무렵 형암 이덕무의 집이 북쪽으로 마주 보고 있었고, 이서구의 사랑이 그 서편에 솟아 있었으며, 수십 걸음 떨어진 곳에 관재 서상수의 서재가 있었다. 거기서 다시 꺾어져 북동쪽으로 가면 유금과 유득공이 사는 집이었다."

백탑

백탑이 '설죽의 새순' 같다고 느꼈던 박제가의 벗 형암 이덕무와 낙서 이서구는 백탑을 이렇게 묘사하고 있다.

원각사에 우뚝한 백탑은
열네 층을 공중에 포개었네.
운종가에 있는 흥천사의 큰 종은
커다란 집 가운데에 날 듯하여라.
이덕무, 『청장관전서』 「성시전도」 중에서

영롱한 상현달이
구름이랑 나오니,
백탑은 어찌나 우뚝한지
푸른 하늘 더욱더 공활하구나.
─ 이서구, 『녹천지위』 「달을 보며 연암집으로 가다」 중에서

이서구는 달을 보며 연암의 집에 가서 무엇을 했을까? 위에서 이어지는 박제가의 「백탑청연집」 서문에 답이 있다. "나는 그곳에 한번 갔다 하면 돌아오는 것도 잊고 열흘이고 한 달이고 머물곤 했다. 밤낮으로 함께하며 쓴 글이 책을 이루었다." 이들은 밤낮으로 함께하며 글을 썼다는 것이다. 증거는 이들이 남긴 글 곳곳에 있다. 예를 들어 『연암집』 권4 영대정잡영 「갓을 노래한 연구(聯句)」는 약간의 차이가 있긴 해도 유득공의 『영재집』, 이덕무의 『아정유고』에도 같은 제목의 시가 수록되어 있다. 박제가 『정유각집』 권5에는 「성해 박지원, 무관 이덕무, 혜풍 유득공

이 밤에 모여 삿갓에 대해 읊었다. 그 방법은 나이순으로 운자를 놓되 서로 넘나들지 않기로 했다. 삼경이 되어서야 잠이 들었다. 각자 완성하지 못한 구절들이 있는데, 그것은 내가 이어 보충했다.」는 내용이 들어 있다. 박지원과 이덕무는 4살 차이, 이덕무와 유득공은 7살 차이, 박제가와 박지원은 무려 13살의 나이 차가 있었으나 밤늦게까지 같은 주제로 시를 짓다가 함께 잠이 드는 친구였다는 것을 알 수 있다. 이들은 저 시를 지은 날 모두 함께였다.

백탑의 맑은 인연

백탑의 벗들

박제가는 "나(박제가)는 백 가지 중에 능한 것이 하나도 없지만 어진 사대부와 함께 노닐기를 즐긴다. 이들과 친해지면 또 하루종일 마음을 쏟아 그만둘 수가 없다. 사람들이 한가할 날이 없다고 웃곤 한다."라면서 「장난삼아 왕어양의 세모회인시 60수를 본떠 짓다 [짧은 서문과 함께]」에서 백탑의 벗들을 소개하고 있다.

청장산인 이덕무
청장이 굶어 죽은들 무슨 상관 있으리
죽는대도 시서(詩書)에선 향기가 날 터인데.
연암 박지원
연암 선생 문필은 사마천과 한유를 아우르니
고금을 섭렵하여 깨달음을 얻었다네.

관헌 서상수

맑은 새벽 먹을 가니 온갖 생각 경쾌하고

화로 연기 모락모락 좋은 차 끓인다네.

기하 유금

찬 집 아침상에 나물조차 없나니

벼슬아치 고기 삶아 먹는다고 하지 마오.

영재 유득공

지기(知己)는 머나먼 곳도 이웃 되나니

시(詩)의 명성 저 멀리 촉강(蜀江)까지 알려졌네.

삼소헌 윤가기

젊은이의 글 지음이 민첩함에 모두 놀라

장옥에선 수호라는 이름으로

전해진다.

강산 이서구

강산이 차갑다고 사람들은 말하지만

한밤중에 부드럽게 말하는 것 못 봐서일 세.

담헌 홍대용

책 읽는 여가에 만 리 밖 그리노니

최고운의 옛 고장서 중원을 꿈꾸었네

석치 정철조

구리 동전 삼백 닢에 술꾼이라 부르니,

신후문장이란 말이 나를 웃게 하는도다.

서양사람 『의상지』를 찬찬히 살펴보고
창가에서 해어도를 베껴서 그렸다네.
선달 백동수
시절 맑아 장사(壯士)는 밭 갈기를 즐겨하여
가족 끌고 기린협의 안쪽으로 떠났다네.

원문을 모두 옮긴 것은 아니지만 백탑 벗들의 특징을 잘 느낄 수 있
다.

이들에게 '벗'은 어떤 존재였을까?

벗은 제2의 나

박지원은 「회성원집 발문」 중에서 이렇게 말한다.

"벗을 '제2의 나'라고도 했고, '주선인'이라고도 했다. 한자를 만
드는 사람이 '날개 우(羽)'자를 빌려 '벗 붕(朋)'자를 만들었고, '손 수
(手)'자를 겹쳐서 '벗 우(友)'자를 만들었으니, '붕우(朋友)'란 마치 새에
게 두 날개가 있고 사람에게 두 손이 있는 것과 같다."면서 "벗이란 반드
시 지금 이 세상에서 구해야 할 것이 분명하다."라고 한다.

박제가에게 벗이란 "피를 나누지 않은 형제요, 한집에 살지 않는
부부"이다. "사람이 하루라도 벗이 없으면 양팔을 잃은 것과 다름없다."
고 고백한다. (박제가 「밤에 이서구의 집에서 자며」)

이와 비슷한 내용이 박지원이 쓴 「예덕선생전」에 나온다. "선귤자
(이덕무)가 '벗이란 함께 살지 않는 아내요 핏줄을 같이하지 않은 형제
와 같다'고 말했다." 이 글을 보면 박제가와 이덕무가 조금 더 각별한 사

이였던 것을 알 수 있다.

　박지원은 「서얼소통을 청하는 의소」 중에서 『논어』 안연편과 『맹자』 만장 하편을 인용하면서 "『논어』에 '글로써 벗을 모으고, 벗으로써 인을 돕는다'고 했고, 『맹자』에 '벗이란 그의 덕을 벗 삼는 것이다. 그러므로 나이를 상관하지 않고, 신분에 구애받지 않고, 집안을 내세우지 않고 벗하는 것이다'고 했습니다. 귀천이 달라도 덕이 있으면 스승이 될 수 있고, 나이가 달라도 인을 도울 만하면 벗이 될 수 있습니다."라고 했다. 진실로 이들에게 있어 벗은 나이와 신분이 문제 되지 않았던 것 같다.

　박지원의 「예덕선생전」 첫 문장은 "선귤자에게 예덕선생이라 부르는 벗이 한 사람 있다."로 시작되는데 선귤자는 이덕무이고, 예덕선생은 백탑 동쪽에 살면서 날마다 마을 안의 똥을 치는 일을 생업으로 하는 사람이었다. 또한, 그들의 사귐은 조선에만 국한된 것도 아니었다.

벗의 벗, 홍대용과 항주 세 선비

　홍대용은 연행을 갔다가 북경 유리창에서 항주에서 온 거인(과거 준비하던 사람) 엄성, 반정균, 육비를 만나게 되었는데 필담을 나누며 벗이 되었다. 홍대용은 북경에 머무는 동안 이들을 총 일곱 차례나 만났다. 이들의 우정은 편지로 이어졌는데, 엄성이 홍대용에게서 받았던 먹을 가슴에 품고 죽었다는 내용은 그가 죽은 지 거의 10년이나 뒤에 전해지기도 하였다.

　홍대용은 이들과 만나게 된 이야기부터 서로 나누었던 필담, 오갔던 편지들을 엮어 『간정동회우록』을 펴내는데 이 서문을 맡았던 박지원은 "통달했구나, 홍 군의 벗함이여! 내 지금에야 벗 사귀는 도리를 알았

도다. 그가 누구를 벗하는지 살펴보고, 누구의 벗이 되는지 살펴보며, 또한 누구와 벗하지 않는지를 살펴보는 것이 바로 내가 벗을 사귀는 방법이다."라는 문장을 남겼다. (박지원『연암집』권 1 연상각선본「회우록서」)

벗이 소중한 이유

> 벗이란 서로 선을 권장하고 인을 돕고 이끄는 것이다.
> 무릇 선과 인은 사람이 사람 되는 까닭이어서
> 하루라도 없어서는 안 되는 것이며,
> 선을 권장하는 사람이 없이는 학문에 힘쓸 수 없고,
> 인을 도와주는 사람이 없이는 도덕에 나아갈 수 없다.
> 이것이 벗이 소중한 까닭이며,
> 군신과 부자와 같이 오륜 안에 드는 까닭이다.
> – 홍대용, 「소음 육비에게 쓴 편지」가운데

벗과 함께한 날들의 추억

수표교와 광통교

연암 박지원은 「취하여 운종교를 거닌 기록」에서 여덟 명이나 되는 벗들이 '종각 아래서 달빛을 밟으며 거닐다가' '희고 여윈 큰 맹견 한 마리가 다가오기에 뭇사람들이 둘러싸고 쓰다듬어 주자, 그 개가 기뻐서 꼬리를 흔들며 고개를 숙이고 오랫동안 서 있었'는데, 세간에서 胡白(호

수표교

백)이라 부르는 그 개에게 이덕무가 豪伯(호백)이라 이름을 지어 주었고, '조금 뒤에 그 개가 어디론지 가 버리고 보이지 않자, 무관(이덕무) 이 섭섭히 여겨 동쪽을 향해 서서 호백이! 하고 마치 오랜 친구나 되는 듯이 세 번이나 부르니, 사람들이 모두 크게 웃었다.'는 내용을 마치 드라마의 한 장면처럼 묘사하고 있다. 지나던 개에게 이름을 지어주고 그 개가 가버리자 이름을 부르고, 옆의 친구들은 웃고...다른 사람들이 보면 정말 아무것도 아닌 일이지만, 함께 있다는 사실만으로도 즐거운 친구들끼리 '정말 아무것도 아닌 일'들 때문에 미친 듯이 웃었던 기억은 우리가 살아갈 때 두고두고 큰 힘을 준다. 이들은 운종교(광통교를 말하는 것으로 알려져 있다.)로 걸어가 난간에 기대어 대화를 나누며 6년 전 정월 대보름날 밤 이 다리 위에서 있었던 일을 회상한다. 다리 위에서 춤을 추고, '거위의 목을 끌고 와 여러 번 돌리면서 종에게 분부하는 듯한 시늉을 하여' 웃게 하였던, 지금은 함께 하지 못하는 벗(유득공, 유금)들을 그리워하는 장면이다. 다음 장소는 수표교로 이어진다. (『연암집』 권10 별집 「취답운종교기」)

광통교

음악회, 여름날 밤잔치

'담헌(홍대용)이 가야금을 타니, 풍무(김억)는 거문고로 화답하고,
국옹은 맨상투 바람으로 노래를 불렀다.'

– (박지원 『연암집』 권3 공작관문고 「하야연기」)

윤회매십전

조선 후기 선비들은 매화를 각별히 애호했는데, 이덕무는 밀랍으로 매화를 만들어 벗들과 함께 모여 감상하였다. 이덕무는 윤회매라 한 이유가 "벌이 꽃술을 채집하여 꿀을 만들고 꿀이 밀이 되고 밀이 다시 꽃이 되는 것이 불교의 윤회설과 같기 때문이다."라고 하며 윤회매를 만드는 방법을 그림과 함께 기록하였다. (이덕무, 『청장관전서』 권 62 「윤회매십전」)

이들은 윤회매를 감상한 후에도 시를 남겼다. 박제가는 '꽃 만들고 밀 빚는 모습 보았는데 문득 매화 피어 가지에 올랐구나'라고 하였고, 유득공은 '촛농 떨어져 쌓이니 봄밤 기나길고 뒤집힌 산호 얼어 만 가지 노랗네. 밀랍 매화 어여뻐 늦은 봄 깨끗하니 석영의 아름다움 이보다 못하리'라 하였다.

윤회매

벗과의 이별에 대하는 자세

1781년 (정조 5) 연암의 벗 정철조가 죽었다. 연암은 이렇게 썼다. "살아있는 석치라면 함께 모여서 곡을 할 수도 있고, 함께 모여서 조문할 수도 있고, 함께 모여서 욕을 할 수도 있고, 함께 모여서 웃을 수도 있고, 여러 섬의 술을 마실 수도 있어 서로 벌거벗은 몸으로 치고받고 하면서 꼭지가 돌도록 크게 취하여 너니 내니도 잊어버리다가, 마구 토하고 머리가 짜개지며 위가 뒤집어지고 어쩔어쩔하여 거의 죽게 되어서야 그만둘 터인데, 지금 석치는 참말로 죽었구나!" 벗의 죽음을 마주하게 되면 믿기 어려운 사실 앞에서 실감이 나지 않을 것 같다. 다음으로 떠오르는 생각은 이제 더 이상 벗과 "함께" 할 수 없다는 것이겠다. 그런데 "함께" 할 수 없는 일이 그 벗의 죽음에 대해 곡을 하고, 조문하고, 욕을 하고, 웃고, 술을 마시는 일이라니 이보다 더 슬픈 일은 없을 것 같다.(박지원 연암집 제10권 별집, 엄화계수일 〈정석치제문〉)

백탑의 벗들에 관해서는 도저히 간략하게 설명할 방법이 없다. 감히 어떻게 이들을 몇 자로 평가할 수 있겠는가. 하지만 이들의 몇몇 작품들을 통해 우리에게 벗이 어떤 존재이며, 벗이 소중한 이유 그리고 어떤 이를 벗해야 하는지 충분히 느낄 수 있다. 우리가 살아가는 힘은 어디에서 나올까. 나의 시간과 공간의 기억을 공유하고 있는 사람들에게서 나올 수 있는 게 아닐까? 기꺼이 나의 이야기를 들어주고 내 편이 되어주는 사람들 말하지 않아도 나를 알아주는 사람들 우리는 이런 벗들이 있을 때 지친 삶 속에서 힘을 얻을 수 있을 것이다.

마음에 맞는 시절을 맞아
마음에 맞는 벗을 만나서
마음에 맞는 말을 나누고
마음에 맞는 시문을 읽는 것은
지극한 즐거움이다.
– 이덕무, 「선귤당농소」 중에서

하늘 보니 가물가물 은하수 어지럽고
땅에선 우수수 낙엽이 나뒹구네.
내 마음 깊은 근심 그대가 풀어주니
두 사람 만났거늘 무엇을 구하리오.
– 박제가 『정유각집』 시집1
「저물녘 이덕무가 왔는데 마침 비바람이 쳐서 머물게 하고 함께 자며 지었다.」

9장

<노란 집-정원과 해바라기 그리고 별>

최양국

"Starry, starry night/ ~(중략)~. 이제야 난 알아요,

당신이 내게 말하려 했던 걸/ 온전한 정신으로 살기 위해 얼마나 고통받았는지/

그들을 자유롭게 해주려 얼마나 애썼는지/ 그들은 들으려 하지 않았죠,

어떻게 듣는지도 몰랐죠/ 어쩌면 이제는 들을지도// 별이, 별들이 빛나는 밤/

눈부시게 타오르는 불꽃같은 꽃들/ 보랏빛 아지랑이로 소용돌이치는 구름/

빈센트의 푸르른 눈동자에 비쳐오죠."

– 〈Vincent〉(1971년), Don McLean

나무들이 잎을 돋우는 잎새달. 잎보다 먼저 꿈이 일어난다. 겨울눈
(冬芽, winter bud)의 꿈이 노란색으로 피어난다. 노란색은 봄을 맨몸
으로 터트리며 색칠해 간다. 색과 빛의 삼원색으로 어울리며 퍼져간다.
양립할 수 없는 낮과 밤~삶과 죽음, 참과 거짓~승자와 패자, 그리고 고
흐~고갱과 클림트까지도 안는다. 산수유가 팝콘처럼 터져 가는 날, 트

래블 버블(Travel bubble)을 타고 공동체의 상징인 프랑스 남부 아를
(Arles)을 찾는다.

〈노란 집〉 / 공동체는 / 한계로 / 퇴색하니

　아를의 아침. 달은 눕고 집이 일어난다. 파란 하늘을 빠져나
온 햇살이 몽환적 황금색의 그림자로 찾아오면, 별이 떨어진 군청색
(Ultramarine) 그늘은 노란색으로 덮여간다. 노란 집이다. 이 노란 집은
아를에서 고흐(Vincent Willem van Gogh, 1853년~1890년)가 살던 집
이며, 그의 공동체를 향한 꿈을 가장 잘 드러내는 작품 중 하나인 〈노란
집〉(The yellow House, 1888년 9월)의 실재 장소이다.

'노란 집'(The Yellow House, 1888년), V.W.고흐 ⓒ Google

고흐는 모국인 네덜란드를 떠나 예술의 도시인 파리에서 화가로서의 성공을 꿈꾼다. 1년 6개월 동안 주로 인상파 화가들과 교류하면서 새로운 화풍과 색채를 시도하며 활발히 활동한다. 하지만 기대와 다르게 어긋나가는 주관적 자아에 대한 실망과 객관적 타아에 대한 관계 설정에 서툴렀던 그에게 파리는 회색 겨울의 암울함으로 밀려온다. 결국 정신 및 육체적으로 피폐해진 상태에서 음울한 파리를 떠나 1888년 2월에 남프랑스의 아를에 도착한다. 그해 5월, 아를의 경이로운 노란 햇빛 아래에서 그림을 그리며, 파리에서부터 시도한 화가 공동체의 실현을 위해 고흐는 아를의 라마르틴 2번가에 있는 이층집으로 이사하여 외관을 노란색으로 단장하며 꿈을 현실화하고자 한다. 미술 칼럼니스트 박희숙 (The Science Times 칼럼, 2009년 4월)에 의하면, 고흐는 "오늘 나는 이 건물의 오른 채에 세를 들었다. 방이 네 개 있는데 두 방에는 캐비닛이 갖추어져 있다. 볕이 잘 드는 집의 외부는 금방 만든 버터 빛 노랑으로 칠했고 창틀은 진한 녹색으로 칠했다. 집은 광장으로 나 있는데 거기에 플라타너스와 협죽도, 아카시아 등 초록의 나무들이 우거진 공원이 하나 있다. 집의 내부는 모두 흰색으로 칠했고 바닥엔 붉은 타일을 깔았다. 그리고 이 모든 것 위에 눈부시게 푸른 하늘이 있다. 이 집에서 나는 진실로 살 수 있고, 숨 쉬고, 생각하고, 그릴 수 있다."라고 노란 집을 묘사한다.

고흐가 새로운 희망을 가꾸기 위해 생각했던 화가들의 공동체 설립 꿈을 구체화하고자 한 곳인 노란 집. 고흐는 가장 먼저, 파리에서 만난 고갱(Paul Gauguin, 1848년~1903년)에게 그 계획에 같이 참여할 것을 요청한다. 고갱은 당시 재정적으로 어려운 상황에서 원시 자연과 가까이서 호흡하며 그림을 그릴 수 있는 타히티로 가기 위한 재정적 여력 확보의 일시적 수단으로써 고흐의 노란 집에 동참하기로 한다. 고흐는 화가 공동체 형성을 통해 각자가 그린 그림은 구성원 공동체 소유로 하고, 공동의 힘으로 그림을 판매하여 그 돈을 나누어 각자 생활을 유지하는 공동체를 가꾸고자 한다. 하지만 고흐는 노란 집에서 고갱과 같이 살기 시작하면서 화가 공동체를 이루겠다는 꿈이 이루어질 수 없는 한계를 가지고 있다는 것을 느껴 간다.

결국 공동체 구성원 모두가 화가로서 유지하여야 할 최소한의 생계유지와 추구하는 지속적 작품 활동을 보장하고자 하는 꿈은 실현되지 못한다. 그 가장 직접적인 이유는 고흐 개인에게서 온다. 동생 테오의 결혼에 따른 재정적 지원에 대한 심리적 압박감과 함께, 존중과 배려의 대상이었던 고갱과의 갈등이 심화시킨 정신 및 육체적 쇠약에서 온 환각 증세의 악화에 있다. 화가의 열정 이외에 외모와 기질은 물론 추구하고자 하는 화풍에서도 이견을 보이며, 화가 공동체라는 문에 진입도 하기 전에 두 달여의 짧은 동거 기간은 파국으로 끝난다. 또 다른 근본적인 이유는 고흐가 추진한 화가 공동체의 생태적 다양성과 어울림에 대한 동력의 부족이다. 아를의 경이로운 햇살과 함께하는 노란색의 집은, 화가 공동체를 지향하는 색상의 상징성을 나타내지만, 일방향적 단일성의 한계를 고스란히 드러낸다. 고갱을 포함한 다수 화가의 참여를 통한 가치의 공유를 위해서는 다양한 기질과 화풍을 아우르는 다양성이 전제되어야 하는데, 고흐의 내성적이며 충동적으로 보일 수도 있는 이상적 낭만성은, 같은 사조(후기 인상주의) 내에도 너무나 다른 개성이 있을 수 있다는 것을 인정하기 어렵게 만든다. 또한 공동 참여와 분배라는 공동사회적 성격의 공동체 형성은 노란 집 참여 이후 화가로서 나아갈 길에 대해 각자가 바라는 이정표와 병행을 위한 해법 제시를 버겁게 한다. 이는 공동체에 대한 화가의 참여와 지속가능성장을 근본적으로 제약하는 태생적 한계로 작용한다.

〈정원〉의 / 꽃밭 같은 / '다양성'의 / 수용력과

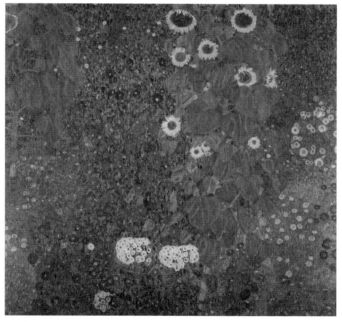

'꽃이 있는 농장 정원'(Farm Garden with Flowers, 1905년~1906년), G.클림트 ⓒ Google

아를의 낮. 달은 떨어지고 꽃이 피어난다. 색과 빛의 삼원색이 개성을 자랑한다. 정원이다. 고흐를 상상하며 구스타프 클림트(Gustav

Klimt, 1862년~1918년)가 노란 집 정원에서 그림을 그린다. 〈꽃이 있는 농장 정원〉(Farm Garden with Flowers, 1905년~1906년)이다.

김선현은 『그림의 힘』(2015년)에서 〈꽃이 있는 농장 정원〉은 "꽃이 덩그러니 하나만 핀 게 아니라 종류별로 아주 많이 풍성하게 피어 있습니다. 그래서 무언가의 절대적인 부족을 느끼는 이들이 이 그림에서 황홀감을 느낍니다. 다양한 꽃이 가득한 것만으로도 좋지만, 이 그림은 특히 명도 대비가 큰 색들의 활용으로 우리에게 에너지를 전해줍니다. 명도는 색의 밝고 어두운 정도를 말하는데, 색 그 자체에서 보다 주변과 비교되었을 때 더 확실하게 느껴집니다. ~(중략)~. 이 그림에는 자연 풀밭처럼 편안한 초록 바탕에 명도 대비가 큰 빨간색 꽃들이 피어 있습니다. 여기에 태양 같은 활력을 주는 해바라기의 노랑, 깨끗하고 밝은 흰색도 불쑥불쑥 다가와 다양한 시각적 자극을 줍니다."라고 한다.

클림트는 형식 측면에서는 거리감이 덜 느껴지는 정사각형의 구도를 사용함으로써 직사각형의 구도에서 의도할 수 있는 공간감이나 입체감을 나타내지 않고 평면성을 강조하며, 마치 그림이 자연의 일부인 듯한 착각을 느끼게 한다. 소재 측면에서는 정원에 피어 있는 해바라기의 노란 꽃과 함께 붉은색, 보라색, 흰색 등 다양한 색으로 화면을 가득 채우며, 각각의 꽃들은 다른 꽃들과 상호 보완적 역할을 하며 집단적 어우러짐의 형태로 피어난다. 아울러 꽃잎과는 묘한 이질감으로 다가오는 풀밭 내음을 풍기는 듯한 노랑 및 녹색 계열의 색과 점은 정원이라는 공간을 더욱 풍성하게 한다. 더구나 사각의 구도 안은 현실 세계와 절묘하게 배합되는 환상세계로 빠져드는 느낌을 주며 현실과 가상의 혼합까지도 아우르는 듯하다.

고흐의 〈노란 집〉과 클림트의 〈꽃이 있는 농장 정원〉이 주는 공동
체적 상징성을 다양성의 측면에서 비교해 보자. 고흐의 〈노란 집〉이 노
랑 위주의 단일 색을 통한 화가의 강렬한 열정을 담으며 인간의 유한한
욕망 논리를 드러내고 있다면, 클림트의 〈꽃이 있는 농장 정원〉은 그 대
척점에 있다. 농장 정원 속 여러 종류의 꽃과 풀잎 세계의 모습 그대로를
부각하며 다른 꽃들과 뒤섞일 수 있도록 함으로써, 다양성의 역학적 구
도 하에 더욱 풍성하고 화려하게 피어나는 자연의 무한한 순환 논리를
나타낸다. 고흐의 노란 집은 고갱, 세잔(Paul Cézanne, 1839년~1906
년) 및 쇠라(Georges Seurat, 1859년~1891년) 등과 같이 동일 사조 내
의 개성 강한 화가들을 수용하지 못한 채 서 있다. 클림트와 같은 동시대
의 다른 사조나 개성까지도 아우르며 다양성을 수용하고 존중하는 방향
으로 나아가지 못하고 퇴색한다. 반면 클림트의 정원은 다양성의 수용
성을 강조하며, 선순환적 공동체로 진화를 위한 근본적 한계 극복의 전
형을 제시하는 듯 이 꽃과 저 꽃들로 어우러져 있다.

태양 꽃 / 〈해바라기〉 / '지향성'의 / 정체성이

아를의 오후. 노란 집 지붕이 햇비의 물방울로 일렁인다. 물방울 너
머에서 무지개를 꿈꾸며 콧등이 반듯하고 콧수염과 구레나룻을 기른 사
내가 해바라기를 바라보며 그림을 그린다. 정물화 〈해바라기〉. 원래 고
흐의 해바라기 그림은 두 가지 버전이 있다. 그 첫 번째는 파리 시절에
그린 바닥에 놓여있는 해바라기(1887년)이며, 두 번째는 아를 시절에
그린 꽃병에 담긴 해바라기(1888년)이다. 태양의 황금빛 노란 햇살이

'노란 집'(The Yellow House, 1888년), V.W.고흐 ⓒ Google

가득한 아를로 이사 간 그는, 자신이 가장 좋아했던 꽃인 해바라기를 연작 및 사본으로 여러 작품을 그린다. 노란색으로 단장한 아를의 집에 노란색 해바라기를 화실 가득 채운다.

　〈해바라기〉(Sunflowers, 1888년)는 고흐가 정신적으로 굉장히 힘든 고통의 시기를 지날 때, 대상인 해바라기를 통해 순수하고 강렬한 지향점으로써의 태양에 대한 숭배와 색채, 특히 희망의 발현을 상징하는 노란색에 대한 열망을 가득 담고 있는 작품이다. 그가 "태양의 화가"나 "해바라기 화가"로 불리는 이유이기도 하다. 그에게 있어서 노랑은 무엇보다 열린 희망을 의미하며, 당시 그가 시도하고자 한 공동체에 대한 기쁨과 설렘을 반영하는 색이다. 또한 유화를 두껍게 칠한 질감에 의해 고도의 입체감을 표현하며 해바라기 특유의 강한 원형력과 생명력을 자신의 분신인 듯 드러낸다. 대부분 노란색의 통일된 색조로 그리되, 화분에는 노란색과 대비되는 파란색을 사용해 자신의 서명(Vincent)을 남기고 있다. 이는 남부 지방에서 시작하는 새로운 길에 대한 긍정적 희망의 메시지를 대변하는 노란색, 그리고 화가로서 성공하기 위해 벨기에를 떠나 파리에 진출한 후, 자신의 내면적 정체성으로 굳어져만 가는 우울·고독·슬픔을 상징하는 파란색을 대비한다. 노란 집에서의 공동체적 동거가 불안한 시기에 고갱이 그린 〈해바라기를 그리는 고흐〉(Van Gogh Painting Sunflowers, 1888년 12월)는, 고흐를 바라보는 고흐 자신과 고갱의 엇갈린 시선을 자화상을 통해 서로 맞대어 비교한다. 고흐(평생 40여 점에 이르는 자화상을 그림)에게 있어서 자화상은 자신의 부족한 점을 극복하며 무언가를 추구하기 위한 순수하고 강렬한 욕망의 표출을 담은 내면적 가치 표현의 자기 고백적 수단이다. 반면 고갱의 고흐 자화상은 위에서 아래로 내려다보는 구도로 인해 초라하고 자신 없어 보이는 고흐를 멸시의 시선으로 바라보고 있는 듯하다. 지향점이 다른 두 사람의 갈등은 자화상을 매개체로 둘 사이를 더욱 멀어지게 하고, 공동체를 향한 꿈도 스러지게 된다.

무지개 환영(幻影) 너머 피어나는 해바라기는 우리들 꿈과 희망의 상징이다. 해바라기의 학명(Helianthus)은 그리스어로 태양을 뜻하는 'Helios'와 꽃을 뜻하는 'Anthos'가 합쳐진 것이다. 즉 '태양의 꽃'이라는 의미이다. 꽃말은 지역에 따라 다양하지만, 일반적으로 '숭배' 또는 '경배'(Adoration)를 뜻한다. 향일화(向日花:해를 향한 꽃)의 순우리말인 해바라기는 해라는 지향점을 갖는다.

고흐의 노란 집처럼 모든 공동체는 해바라기와 같은 지향점을 꿈꾼다. 동서남북 중 가야 할 방향을 바라볼 수 있는 지향점이 필요하다. 지향점이 없으면 우리들 욕망을 향한 위도와 경도를 찾지 못한다. 지향점이 다르면 우리들 욕망은 갈등으로 흔들린다. 그 소용돌이의 장 한가운데에 공동체라는 배를 같이 타고 항해하는 세대 간 또는 세대 내 갈등이 있다. 세대의 분류(베이비부머~X/Y/Z~MZ세대 등)가 보이지 않는 손에 의해 자꾸만 늘어난다. '수저계급론', 'N포 세대론', '꼰대론', '젊꼰론', '젠더론' 등 다른 세대 또는 구성원에 대한 비판·혐오와 자기 비하성 '밈(Meme)' 문화가 만연한다. 편 가르기 식 이기주의, 존중과 배려 없는 승자 독식 주의를 향한 악순환을 반복하며 공동체 구성원 간의 불안한 동거를 심화시킨다.

요즘 우리는 사실을 향하는 낮과 밤~삶과 죽음의 가치를 알려고 하지 않는다. 오직 허구를 향한 참과 거짓~승자와 패자의 다양한 욕망 게임의 결과값에만 몰두한다. 소속감과 공동체 의식을 가지고 지속적인 상호 작용을 해야 하는 우리들의 진정한 바라기는 무엇일까? 각 좌표의 정체성을 인정하는 동서남북 융합형 바라기.

겨울눈(winter bud) / '나선형' 성장 / 〈별이 빛나는 밤〉 / 이중창

아를의 저녁. 집이 눕고 별이 깨어난다. 〈별이 빛나는 밤〉(The Starry Night, 1889년)은 고흐 말년 무렵, 정신 질환으로 인한 고통의 끝 자락에서 자연에 대한 마음의 지극한 연결을 표현한 그림이다.

'별이 빛나는 밤'(The Starry Night, 1889년), V.W.고흐 ⓒ Pixabay

노란 원형 속 그믐달~까맣게 치솟은 나무(사람과 하늘의 매개체 형 상)는 하늘 구름의 소용돌이와 함께 꿈틀거린다. 밤하늘 속에서 빛나는 별의 풍경은 상중하의 삼단으로 나뉘어 고흐와 함께한다. 상단(하늘과 달)~중단(구름과 지평선)~하단(마을과 땅)~상중하단(나무와 사람).

땅 위의 사람이 나무를 통해 하늘의 별로 연결되어 있는 모습이다. 소용돌이치는 듯한 심리 상황과 정신적 에너지의 고갈은 그믐달의 하강 이미지로 이어지며, 사이프러스 나무를 통한 빛나는 별과의 연결을 표현한다. 마치 고흐의 죽음을 통한 별나라 여행을 암시하는 듯하다. 《반 고흐, 별이 빛나는 밤》(2020년)에서 마틴 베일리(Martin Bailey)는 〈별이 빛나는 밤〉에 대해 "고흐가 자신 앞에 놓인 시련을 어떻게 극복했는지 보여주는 생생한 증거"라고 말하며, 1889년 생폴드모졸의 정신요양원에 입원하기 몇 개월 전에 고흐가 쓴 '별'에 대한 단상을 소개한다. "별을 보고 있노라면 나는 늘, 지도의 검은 점들을 보며 도시와 마을을 꿈꾸듯이 그렇게 소박하게 꿈을 꾼다. 우리가 기차를 타고 타라스콩이나 루엥으로 가듯 우리는 죽음을 통해 별로 간다. ~(중략)~. 살아 있는 동안은, 죽은 사람이 기차를 탈 수 없듯, 별에도 갈 수 없지."

선명한 보색 대비를 통한 강렬한 색채감, 하늘~사람~땅을 아우르는 듯한 공간력, 흔들리듯 꿈틀거리는 원초적 생명력은 별을 향한 순환론적 에너지를 느끼게 한다. 특히 왼쪽에서 오른쪽으로 굽이치는 하늘 구름은 중앙에 이르러서는 넘쳐흐르듯 꿈틀거리는 나선형으로 이어진다. 연속적인 듯 비연속적이고 동적인 듯 정적인 터치는, 양립할 수 없는 낮과 밤의 에너지가 상호 교차하며 충만하기만 한 삶의 에너지로 승화하는 듯하다.

우리들 공동체 내 세대 간 또는 세대 내 각 좌표의 다양성을 인정하는 동서남북 융합형 바라기는 나선형 성장을 필요로 한다. 상반되는 힘과 힘이 부딪치는 갈등의 장에서, 각자 다른 단선적 직선형 성장의 추구는 허구를 좇는 참과 거짓 게임에 둘러싸인 승자와 패자만을 남길 뿐이다. 승자는 태양계속 화성을 바라보며 우주 개발에 대한 꿈을 현실로 만들어 가는 라이트(Wright) 3형제(Elon R.Musk, Jeffrey P.Bezos, Richard C.N.Branson)의 초대를 받아 짧은 느낌표를 남기겠지만, 패자는 설국열차의 마지막 칸에서 앞칸으로 나아가며 긴 눈물을 흘려야 한다. 우리는 소용돌이치는 장의 한가운데에서 공동체라는 배를 내려서는 안 된다. 세대 역할에 대한 고정 관념을 넘어 더 소중한 가치 공유를 위해 직선형 라테~꼰대~젊꼰이 아닌 나선형 라테~꼰대~젊꼰을 향한 밈(Meme)의 진화가 필요하다. 직선형은 일방향성 악순환으로 '나'를 떠난 '너'가 없으나, 나선형은 양방향성 선순환으로 '나'와 '너'가 함께한다. 세대 간 또는 세대 내 다양성이 뜰~들~숲의 꽃으로 번져가는 어느 봄날의 별을 바라보며, 나선형 성장을 향한 퀴즈를 푼다. 눈으로 보이지 않지만, 분명히 존재하는 어떤 세대와 구성원이 고유하게 갖고 있는 에너지는 또 다른 세대와 구성원을 위한 "그 무엇"이다. 이것은? 잎보다 꽃이 먼저 피어나는 나무의 꿈을 이룰 수 있는, "그 무엇"은 "겨울눈'이다. 이제는 우리 각자가 세대를 아우르는 공동체를 향한 지극한 겨울눈이 되어야 하지 않을까? '나'는 '너'를 위한 꽃눈과 잎눈, '너'는 '나'를 위한 잎눈과 꽃눈.

숫자 상형의 측면에서 무한히 반복되는 곡선을 가진 8과 달리 상승과 하강, 그리고 머무름과 그 끝이 있는 유한의 교차로를 상징적으로 나타내는 4. 지극히 인간적인 잎새달 4월의 밤에 별이 빛난다. 고흐와 클림트가 어린 왕자의 별(B612)에서 함께 부르는 〈4월의 노래〉를 듣는다.

"목련꽃 그늘 아래서 긴 사연의 편질 쓰노라/

클로버 피는 언덕에서 휘파람 부노라/

아~ 아 멀리 떠나와 깊은 산골 나무 아래서 별을 보노라/

돌아온 사월은 생명의 등불을

밝혀 든다/ 빛나는 꿈의 계절아 눈물 어린 무지개 계절아"

– 〈4월의 노래〉 2연, 박목월 작시 김순애 작곡

　　노란 집의 정원, 그리고 들~숲속 해바라기는 비바람에 눕지만, 태양을 향해 일어나서 별을 부른다. 시간 회귀의 등불과 세대 생태계의 무지개를 그리며 그렇게 눕고 일어나며 부른다.

10장

『파랑 오리』를 통해서 보는
새로운 가족 공동체와 '파란 연못'

김시아

그림책 『파랑 오리』, 새로운 가족 공동체

12
픽처북스

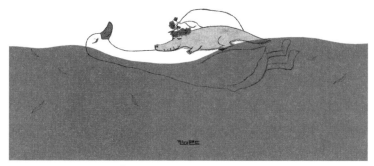

파랑 오리

릴리아 지음

킨더랜드

『파랑오리』, 킨더랜드, 2018 ⓒ 릴리아

그림책 『파랑 오리』(2018)와 『초록 거북』(2021)을 출간한 릴리
아 작가는 아르헨티나의 수도 부에노스아이레스에서 태어나고 자란 후,
한국에서 그림책 작업을 하고 있다. 새로운 가족애를 다룬 우화 그림책
『파랑 오리』는 엄마인 오리와 아이인 악어의 관계를 보여주고 『초록 거
북』은 아빠 거북과 아이 거북의 관계를 보여준다.

삼 년 동안 준비했다는 작가의 첫 그림책 『파랑 오리』는 이창동 감
독의 영화 〈시〉(2010)처럼 치매를 소재로 하고 있으나 무겁지 않다. 엄
마가 치매를 앓아 슬프지만 동시에 사랑스럽고 귀엽다. 등장인물이 오
리와 악어, 동물이라 그럴까? 덩치가 큰 악어는 몸이 작은 오리를 '엄마'
라고 부른다. 정체성이 다른 그들은 파란 연못에서 처음 만났다.

> *"따스한 바람과 차가운 바람이 번갈아 불던 가을의 어느 날이었어요.*
> *파랑 오리는 아기 우는 소리를 듣고 헤엄쳐 갔어요. /*
> *파랑 오리는 아기 악어를 따뜻하게 안아 주었어요.*
> *아기 악어는 스르르 잠이 들었지요. /*
> *하지만 아무리 기다려도 엄마 악어는 보이지 않았어요."*

잠에서 깨어난 새끼 악어는 부리와 다리가 파랗고 몸이 하얀 파랑
오리를 처음 본 날, "엄마!"라고 부른다. 그때부터 오리는 작은 회색 악
어의 엄마가 된다. '엄마'가 된 파랑 오리는 새끼 악어를 보살피고, 씻기
고, 수영하는 법도 가르친다. 그리고 "세상에서 제일 행복한 엄마"라고
느낀다. "혼자서 놀 줄도 알고, 엄마를 위해 꽃도 따고, 노래도 불러 주"
는 악어는 자라고 자라 오리보다 훨씬 커진다. 하지만 "파랑 오리의 기
억들이 조금씩 도망가기 시작"한다. 그러면서 보살피는 관계가 역전된

다. "파랑 오리가 악어를 기억하지 못할 때", 악어는 웃으면서 "파랑 오리를 찾고 있어요. 세상에서 제일 사랑하거든요."라고 대답하고 오리가 자신에게 해 준 것처럼 씻기고, 먹이고, 잠도 재운다. 악어는 엄마 오리를 안고 다짐한다.

"나는 엄마의 아기였지만, 이제 엄마가 나의 아기예요. 내가 지켜 줄게요."

릴리아의 『파랑 오리』가 특별한 이유는 정체성이 다른 동물이 엄마와 자식 관계가 되는 걸 보여주며 기억을 잃어가는 '치매'까지 이야기하기 때문이다. 색도 그림체도 간결하지만 작가가 이야기하는 메시지는 사랑과 가족애를 넘어선다. "엄마, 이곳 기억해요?"라는 첫 문장을 시작으로 다음 양면 페이지에서 혼자 울고 있는 새끼 악어와 우는 소리를 듣고 헤엄쳐 다가가는 파랑 오리를 보여준다. 이어 악어를 돌보는 파랑 오리와 악어의 성장을 보여준다. 새끼 악어는 파란 나비와 파란 꽃을 가지고 놀며 어느새 덩치가 큰 어른 악어가 된다. "그러던 어느 날부터 파랑 오리의 기억들이 조금씩 도망가기 시작했"고 악어는 오리 엄마를 떠나지 않는다. 치매에 걸린 파랑 오리를 돌보며 '돌 봄'에 대한 이야기를 한다. 겉표지에서 파란 연못에 누운 파랑 오리 배 위에 아기 악어가 편하게 누워 잠을 자는 장면은 이야기가 끝날 즈음 어른이 된 악어의 배 위에 파랑 오리가 편안하게 잠을 자는 장면으로 반복적인 구도를 보여주지만, 인물들의 위치가 바뀐다.

전혀 어울릴 것 같지 않은 낯선 두 존재가 파란 연못에서 만나 하나의 공동체를 이루며 행복하게 산다. 각자 혼자가 아니다. 혼밥, 혼술 문화와 더불어 1인 가구 늘어가는 요즘 시대에 이 그림책은 따뜻한 감동을 주면서 동시에 새로운 시선을 보여준다. 악어는 거칠거나 포악하게 그려지지 않았고 파랑은 따뜻하다. 작가는 '악어'라는 공동체와 '오리'라는 공동체를 보여주는 게 아니라 다른 종의 동물이 만나 가족 관계를 이루는 걸 보여줌으로써 선과 악을 구분하는 권선징악의 구도를 넘어서고 '악어와 오리는 어울리지 않을 것 같다'는 선입견을 깬다. 그러므로 이 그림책은 혐오와 차별을 생산하는 어른들에게 꼭 보여주고 싶은 그림책이다.

따뜻한 색 파랑, 자유 공동체

『파랑 오리』에서 파랑은 평화로운 파란 연못과 파란 꽃, 파란 나비와 더불어 파랑 오리의 부리와 발이 파랗게 칠해진 주요 색이다. 색을 연구하는 미셸 파스투르에 의하면 평화를 상징하는 파랑은 지구 절반의 사람들이 좋아하는 색이다. (미셸 파스투로, 『파랑의 역사』, 2017) 파랑은 오늘날 우리가 생각하는 '차가운 색'이 아니라 중세 시대엔 '따뜻한 색'이었다. 이러한 색의 온

〈La Vie d'Adèle〉, 2013 ⓒ Abdellatif Kechiche

도를 반영한 21세기 영화는 프랑스에서 개봉되었던 영화 〈아델의 삶: 쳅터 1과 2 La vie d'Adèle: Chapitres 1 et 2 〉(2013)이다. 이 영화는 우리나라에서 〈가장 따뜻한 색, 블루〉라는 제목으로 개봉되었다. 그 이유는 영화가 쥘 마로(Jul' Maroh)의 그래픽 노블『파랑은 따뜻한 색이다 Le bleu est une couleur chaude』(2010)을 원작으로 만들어졌기 때문이다. 프랑스 북부 릴을 배경으로 고등학생인 주인공 클레망틴이 파란 머리 엠마를 만나 사랑에 빠지는 이야기로 동성연애를 주제로 다루고 있다. 이렇게 파란색이 주는 시각적 언어는 주제와 더불어 강렬하다. 영화에서 파란색은 감성적이며 뜨겁다. 색에 대한 온도가 기존의 문화를 전복시킨다. 파랑은 남성적인 색이었는데 어느덧 여성적인 색으로 상징된다.

"파란색이 선호되기 시작한 것은 (색에 대한 선호도는 항상 변하기 마련이다)
이미 오래전부터 준비되어 온 바탕이 있었기 때문이었다.
12세기에 청색은 신학적으로 중요시되었고 예술적으로도 그 가치가 상승했으며,
13세기에는 염색업자들이 아름다운 청색 염료를 만들어 냄으로써
청색의 인기 상승에 공헌했다. 그리고 14세기 중반부터는 문장학적으로
중요한 색깔이 되었으며, 그로부터 2세기 후인 16세기에는 종교 개혁에 발맞춰
도덕적 차원에서 경건한 색이 되었다. 그러나 청색이 결정적으로 승리한 것은
18세기에 들어서라고 할 수 있다. 먼저 오래전부터 알려졌으나
사용하는 데에 있어 자유롭지 못했던 천연염료인 인디고를
폭넓게 사용할 수 있게 되었다. 이로 인해 새로운 합성 안료의 제조 방법이
발견되어 염색에서와 마찬가지로 회화 분야에서도 다양하고 새로운 색조,
감청색을 만들어 낼 수 있게 되었다. 그리고 새롭게 형성된 색의 상징 체계에서
진보의 색, 빛의 색, 꿈과 자유의 색으로 인식되어 선두를 차지하면서

색깔은 국기를 상징하고 문화를 표상한다. 우리나라 태극기는 밝음
과 순수를 상징하는 흰 바탕 위에 적색과 남색, 곧 파랑의 태극 문양은
‘만물을 생성하는 근원’을 의미하며 검은색의 건·곤·감·리 4괘가 네모
모서리에서 태극을 둘러싼다. 검은색이 없는 프랑스의 국기는 파랑, 하
양, 빨강으로 된 삼색기다. 파랑은 자유, 하양은 평등, 빨강은 형제애를
상징하는데 프랑스인들은 특히 파랑인 ‘블루’를 국가팀의 대표색으로 표
상한다. 릴리아 작가가 태어나고 자랐던 아르헨티나의 국기를 보면 하
늘색, 하얀색, 하늘색으로 가로로 구성되었는데 가운데 흰색 줄에 5월의
태양이 그려져 있다. 하늘색과 하얀색은 스페인 식민지군과 싸웠던 아
르헨티나 민병대가 입었던 군복 색상에서 유래되었고 5월의 태양은 오
월의 혁명을 의미한다. 색은 이렇게 국가와 역사를 상징하며 정신을 표
상한다. 보편적으로 평화를 상징하는 파랑은 국가와 국가 간의 경계가
아니라 상생과 평화로 나아가는 색이다. 제2차 세계대전이 끝나고 유럽
이 평화로 나아가기 위해 유럽연합을 만들면서 만든 유럽기에도 파랑이
바탕색이 된다. 하지만 유럽은 진정으로 평화로 나아가고 있는가? 인류
학자 클로드 레비-스트로스는 문서나 행정기구의 문서와 매체들이 진
정성이 결여된 것일 수 있어 비평가들이 저자의 얼굴을 재구성하는 현
실을 지적한다.

"우리 근현대사회에서 타자와의 관계는 우연적이고 파편적인 방식으로
이루어지지만, 이 방식이 우선은 주체들끼리 서로를 파악하게 하는 전체적이고
총괄적인 경험에 기초하고 있는 것도 사실입니다. 타자와의 관계는
대게 글로 쓰인 문서의 도움으로 이루어진 간접적 재구축의 결과물입니다.
무슨 말인가 하면, 우리는 우리의 과거와 연결되어 있는데,
그것은 더이상 사람들과 직접 접촉해야 하는 구두 전승이 아니라,
도서관에 가득 쌓여 있는 책이나 다른 문서들을 통한다는 것입니다.
비평가는 이런 문서들을 통해 그들 저자의 얼굴을 재구성하곤 합니다.
현재는 기록된 문서나 행정기구 같은 온갖 종류의 중간 매체를 통해
같은 시대를 사는 대다수와 소통합니다. 이런 매체라는 것은 중간 역할에
불과하기 때문에 정통성, 더 나아가 진정성이 결여된 것일 수 있습니다."
– 클로드 레비–스트로스, 『레비–스트로스의 인류학 강의』 2018: 24~25

레비–스트로스는 원주민의 생활을 보면서 문학에서 작가들이 묘사
했던 에덴의 정원과 '복 받은 자들의 섬'이 사실이었다고 기존의 제국주
의적인 시선에서 낙후되고 원시적으로 바라보던 시각과는 다른 점을 제
시한다. 그러나 서양보다 더 서구화된 교육을 받는 우리나라는 아직도
타자를 적대적인 구도 속에서 바라본다. 이 생각은 이중적인데 유럽과
북아메리카 국가들엔 관대하고 동남아와 아프리카는 무시하는 경향이
있다. 선진국과 후진국이라는 경제 논리와 차별적 시선에 사로잡혀 있
으며 이데올로기의 대립으로 인한 남북한의 대결 구도는 해외여행 자유
화(1989.1.1.)가 시작된 지 삼십 년이 넘어도 논리를 마비시키고 왜곡한
다. 산업적으로 선진국이 되었다고 하지만 정신이 퇴행한다. 청년이 보
수화되고 극도로 이기적인 세대가 되면서 연세대 3명은 청소노동자들의

임금인상 시위에 "수업권 침해"를 주장하며 수업권 소송에다 손해배상 소송을 하는 지경에 이르렀다. 이들에게 타인은 내가 아니다. 인지상정의 감정조차 없다.

문화와 문학 공동체 공간, 책방과 도서관

아르튀르 랭보(Arthur Rimbaud, 1854~1891)는 열일곱 살에 스승 조르주 이장바르(George Izambard)와 이장바르의 친구 폴 드메니(Pqul Demeny)에게 각각 편지를 보낸다. 이 서간문을 「투시자의 편지 Lettres de voyant」라고 말하는데 '나는 타자다 Je est un autre'라는 랭보가 중요하게 생각하는 개념과 문장이 나온다. 랭보는 어머니처럼 의지하고 아버지같이 사랑하는 스승 아장바르에게 시인이 되기 위한 '투시자'가 되는 방법과 더불어 '타자성'에 대해 대화를 나눈다. '나' 속에 있는 또 '다른 나'라는 '무의식적 자아'로 인식하는 주장도 있지만(정남모, 「랭보의 '타자'에 대한 재해석 또는 제해석」, 『프랑스문화연구』, 2014), 랭보의 사상은 '나'와 '타자'의 대립과 경계를 무너뜨린다. 한국문화에서 타인은 곧 나다. '우리'라는 공동체 의식이 그걸 말해주고 있는데 이제 이러한 공동체 의식이 무너졌다. 작은 주택이 무너지고 고층 아파트와 빌딩이 세워지듯 우리의 좋은 문화는 무너지고 심하게 파괴되는 중이다. 어릴 적 부모와 함께 시간을 보냈던 공간인 평화로운 '파란 연못'이 없어진 가운데 우리는 과연 어디로 돌아갈 것인가? 우리들의 '파란 연못'이 없어서 가족 공동체가 파괴되고 소통이 부재한 것은 아닐까?

신자유주의라는 사회적 시스템 안에서 평화와 가치를 위한 공간은 줄어들고 소비를 위한 공간만 늘어나는 건 아닌가 의심해 본다. 병과 죽음이 관련된 산업이 크게 성장하고 인간의 존엄성을 생각해볼 겨를도 없이 신속한 '처리'가 이뤄지는 현대 사회에서, 많은 사람이 정신적으로 아플 수밖에 없는 현실이다. 그림책 분야만 하더라도 우리나라는 많은 사람이 '병'과 관련된 언어를 사용한다. 그림책 테라피, 그림책 치유, 그림책 처방. 어느새 '그림책'이 만병통치약이 되었다. 게다가 자격증 시장이 난무한다. 독서 시장은 교육열과 자본주의 시장과 여성차별이라는 구조와 불안 속에서 아이를 키우는 엄마들이 자격증 시장에서 소비자로 소비되고 있다. 이런 현상을 어떻게 보아야 할까?

악어와 오리가 평화롭게 함께 살아가는 '파란 연못'은 우리에게 어쩌면 동네의 책방이자 지역의 도서관이 될 수 있다. 책을 매개로 사람들이 모여서 모임을 하고 강연을 들으며 지식을 공유하고 성장하는 공간이 될 수 있다. 디지털 세상이 되면서 많은 사람이 책을 온라인으로 구매하며 크고 작은 많은 서점이 사라졌지만, 동시에 개성이 강한 책방이 느는 추세다.

지속해서 책방을 이용하다 보면 독자는 성장한다. 그 공간이 도서관이 될 수도 있다. 각 지역의 도서관은 책을 매개로 지식과 문화를 만들어 간다. 필자는 운 좋게 집 근처에 빈빈출판사에서 운영하는 빈빈책방이 생겨서 목적의식이 없이 책방에 가도 좋은 책을 많이 만난다. 좋은 책을 선택할 줄 아는 책방지기와 편집자, 출판사 대표가 함께 책방을 꾸려 가기에 새로운 사유를 쉽게 만난다. 파주에도 소동출판사에서 운영하는 시옷책방이 최근에 문을 열었는데 책방에서 『지식을 공유하라』(2022)라는 북토크를 열어 저자들의 이야기를 들을 수 있었다. 공동체의 회복과 상호 소통은 이렇게 지역을 기반으로 하는 책방에서 공동체 운동으로 발전할 수 있다고 본다. 그 좋은 사례로 파주 교하도서관을 이용했던 문발동 동네 사람들이 2016년 쩜오책방을 내고 마을 이웃, 예술가, 작가, 출판사, 도서관 사람들이 함께 재미난 일을 만들어나간다. 그건 어쩌면 출판도시 파주이기에 가능한지 모르지만, 뜻이 같은 몇 사람만 있어도 가능한 일이 아닐까? 책방은 아니지만, 도서관에서 함께 읽는 책 읽기와 더불어 그림책 만들기 등 독서와 출판까지 다양한 활동을 생산하는 서울 강동구의 작은도서관웃는책은 이용자를 중심으로 많은 활동이 활발하게 이루어진다. 디지털 시대에 책과 출판이 사양 산업이라고 하지만 '책'을 매개로 한 소통과 공동체 회복은 독자가 마음만 먹으면 책방과 도서관을 구심점으로 실천할 수 있고 성장할 수 있다. 단, 이용자들의 지속적인 모임 참여가 새로운 공동체 문화를 만들 수 있으며 참여자가 성장하는 문화를 만들 수 있다. 이러한 공간을 찾고 만드는 사람은 삶의 유토피아를 쉽게 만들 수 있다.

| 출처 |

제1부 거울: 우리 사회의 모순을 비추다

1장 기득권의 표피적 공동체와 폭력의 배후 _ 서곡숙

이 글은 「미하엘 하네케의 <하얀 리본>에서 나타나는 공동체의 폭력 연구」(『한국엔터테인먼트산업학회논문지』, 제16권 제4호, 157-169쪽)를 수정·보완한 것이다.

2장 이것은 중력에 관한 이야기이다 _ 안숭범

이 글은 문화체육관광부에서 발행하는 국가 홍보 영문 매거진 『KOREA』6월호에 게재된 영문평론 「A Story About Gravity」을 수정·보완한 것이다.

3장 세상의 모든 창세신화는 카오스에서 시작되었다 _ 김민정

이 글은 《르몽드 디플로마티크》의 <르몽드 문화톡톡>에 실린 「K-드라마, 왕관의 무게를 견뎌라」(2021년 12월호)와 「드라마 <지옥>으로 미리 보는 2022년 K-드라마의 미래」(2022년 2월호)를 수정·보완한 것이다.

4장 '돌보는 마음'을 얻기 위해 드는 비용 _ 장윤미

이 글은 《르몽드 디플로마티크》의 <르몽드 문화톡톡>에 실린 「'돌보는 마음'을 얻기 위해 드는 비용」(2022년 6월호)을 수정·보완한 것이다.

5장 누구나 자신의 삶을 스스로 선택할 권리가 있다 _ 양근애

이 글은 《르몽드 디플로마티크》의 <르몽드 문화톡톡>에 실린 「'이동' 또는 움직여 자리를 바꿈: <관람모드-있는 방식>」(2021년 12월호)을 수정·보완한 것이다.

제2부 유리창: 다양성과 연결을 생각하다

6장 모두를 끌어안는, 이상적 공동체에 대한 소망 _ 문선영

이 글은 《르몽드 디플로마티크》의 <르몽드 문화톡톡>에 실린 「모두를 끌어안는, 이상적 공동체에 대한 소망 : 드라마 <우리들의 블루스>(tvN)」(2022년 7월호)를 수정·보완한 것이다.

7장 능력주의 시대, 장애를 넘어선 소통의 아름다움 _ 이주라

이 글은 《르몽드 디플로마티크》의 <르몽드 문화톡톡>에 실린 「아름다움은 완벽함에서 나오지 않는다 - <러브 온 더 스펙트럼Love on the Spectrum>」(2022년 5월호)을 수정·보완한 것이다.

8장 백탑청연, 백탑아래 맑은 우정이야기 _ 김정희

이 글은 《르몽드 디플로마티크》의 <르몽드 문화톡톡>에 실린 「아이와 함께하는 역사문화기행 : 백탑의 벗들과 청계천의 다리들- 수표교와 광통교」(2022년 6월호)를 수정·보완한 것이다.

9장 노란 집-정원과 해바라기 그리고 별 _ 최양국

이 글은 《르몽드 디플로마티크》의 <르몽드 문화톡톡>에 실린 「고흐가 부르는 4월의 노래」(2022년 4월호)를 수정·보완한 것이다.

10장 새로운 가족 공동체와 '파란 연못' _ 김시아(KIM Sun nyeo)

이 글은 《르몽드 디플로마티크》의 <르몽드 문화톡톡>에 실린 「『파랑 오리』를 통해서 보는 새로운 가족 공동체와 평화적 공간 '파란 연못'」(2022년 7월호)를 수정·보완한 것이다.

문화, 공동체를 상상하다

초판 1쇄 발행	2022년 12월 20일
지은이	서곡숙, 양근애, 이주라 외
펴낸이	성일권
펴낸곳	(주)르몽드코리아
편집부	최승은, 김유라, 박지수
디자인	조예리
인쇄·제작	(주)디프넷

펴낸곳	(주)르몽드코리아
주소	서울특별시 마포구 양화대로 1길 83 석우 1층
출판등록	2009. 09. 제2014-000119
홈페이지	www.ilemonde.com
SNS	https://www.facebook.com/ilemondekorea
전자우편	info@ilemonde.com

ISBN	979-11-92618-14-2

이 도서의 국립중앙도서관 출판예정도서목록(CIP)은
서지정보유통지원시스템 홈페이지 (http://seoji.nl.go.kr) 와
국가자료공동목록시스템 (http://www.nl.go.kr/kolisnet) 에서 이용하실 수 있습니다.